REFORMA DA PREVIDÊNCIA SOCIAL

COMENTÁRIOS A EXCERTOS DA EC N. 103/19

Wladimir Novaes Martinez

REFORMA DA PREVIDÊNCIA SOCIAL
COMENTÁRIOS A EXCERTOS DA EC N. 103/19

EDITORA LTDA.

© Todos os direitos reservados

Rua Jaguaribe, 571
CEP 01224-003
São Paulo, SP — Brasil
Fone (11) 2167-1101
www.ltr.com.br
Dezembro, 2020

Produção Gráfica e Editoração Eletrônica: R. P. TIEZZI
Projeto de Capa: DANILO REBELLO
Impressão: DOCUPRINT

Versão impressa — LTr 6307.4 — ISBN 978-65-5883-013-9
Versão digital — LTr 9763.3 — ISBN 978-65-5883-014-6

Dados Internacionais de Catalogação na Publicação (CIP)
(Câmara Brasileira do Livro, SP, Brasil)

Martinez, Wladimir Novaes

Reforma da previdência social : comentários a excertos da EC n. 103/19 / Wladimir Novaes Martinez. – 1. ed. – São Paulo : LTr, 2020.

Bibliografia
ISBN 978-65-5883-013-9

1. Previdência social – Brasil 2. Previdência social – Leis e legislação – Brasil 3. Reforma previdenciária – Brasil 4. Seguridade social – Brasil I. Título.

20-51202   CDU-34:364.3(81)

Índice para catálogo sistemático:

1. Brasil : Reforma previdenciária : Direito previdenciário 34:364.3(81)

Maria Alice Ferreira – Bibliotecária – CRB-8/7964

Sumário

PRINCIPAIS SIGLAS..11
INTRODUÇÃO 15
1. PLANO DA EXPOSIÇÃO...21

TOMO I — ASPECTOS FUNCIONAIS DO SERVIDOR

2. EMENTA DA EC N. 103/19..27
3. NORMAS GERAIS SOBRE POLICIAIS MILITARES 29
4. READAPTAÇÃO PROFISSIONAL 30
5. EXTINÇÃO DO VÍNCULO FUNCIONAL 32
6. COMPLEMENTAÇÃO DE APOSENTADORIAS..........................34
7. SERVIDOR COM MANDATO ELETIVO 36
8. INCORPORAÇÃO DE VANTAGENS 37

TOMO II — PREVIDÊNCIA SOCIAL DO SERVIDOR

9. NATUREZA DO REGIME PRÓPRIO 41
10. APOSENTADORIAS DO SERVIDOR 47
11. BENEFÍCIO POR INCAPACIDADE PERMANENTE.................48
12. APOSENTADORIA PROGRAMADA 53
13. LIMITES DOS PROVENTOS..56
14. MONTANTE DOS PROVENTOS..58

15. APOSENTADORIAS DIFERENCIADAS 60
16. SERVIDOR COM DEFICIÊNCIA 62
17. AGENTES POLICIAIS..63
18. APOSENTADORIA ESPECIAL 65
19. APOSENTADORIA DO PROFESSOR 68
20. ACUMULAÇÃO DE PRESTAÇÕES 72
21. PENSÃO POR MORTE 75
22. CONTAGEM RECÍPROCA 76
23. REMISSÃO AO REGIME GERAL 83
24. FILIAÇÃO DE NÃO ESTATUTÁRIOS 85
25. PREVIDÊNCIA PRIVADA 89
26. PLANO DE CONTRIBUIÇÃO DEFINIDA 92
27. COOTIZAÇÃO DE BENEFICIÁRIOS 95
28. ABONO DE PERMANÊNCIA 96
29. UNICIDADE DOS REGIMES 98
30. APORTE SOBRE O DOBRO DO TETO 99
31. NORMAS GERAIS DOS REGIMES PRÓPRIOS...............................100
32. COMPETÊNCIA DA JUSTIÇA ESTADUAL 109

TOMO III — CUSTEIO DO SERVIDOR

33. FINANCIAMENTO DO REGIME PRÓPRIO.....................................115
34. CONTRIBUIÇÃO PARA COBRIR DÉFICIT.....................................117
35. CONTRIBUIÇÃO FEDERAL EXTRAORDINÁRIA 118
36. EQUACIONAMENTO DA INSUFICIÊNCIA 120
37. RECURSOS FINANCEIROS DO REGIME PRÓPRIO............................121

TOMO IV — CUSTEIO DO REGIME GERAL

38. VINCULAÇÃO DAS RECEITAS 125

39. CONTRIBUIÇÃO DO TRABALHADOR 126
40. ALÍQUOTA DAS CONTRIBUIÇÕES 127
41. MORATÓRIA, PARCELAMENTO, REMISSÃO E ANISTIA 129
42. CONTRIBUIÇÕES NÃO CUMULATIVAS 130
43. CONTRIBUIÇÕES RECONHECIDAS 131

TOMO V — ORGANIZAÇÃO DO REGIME GERAL

44. PREVIDÊNCIA SOCIAL DO TRABALHADOR 135
45. SINISTROS COBERTOS PELO REGIME GERAL 139
46. APOSENTADORIAS DIFERENCIADAS 141
47. PESSOA COM DEFICIÊNCIA 142
48. APOSENTADORIA ESPECIAL 145
49. APOSENTADORIA PROGRAMADA 147
50. APOSENTADORIA PROGRAMADA DO RURÍCOLA 150
51. APOSENTADORIA DO PROFESSOR 151
52. CONTAGEM RECÍPROCA DE TEMPO DE CONTRIBUIÇÃO 154
53. TEMPO DE SERVIÇO MILITAR 158
54. PRESTAÇÕES DE SINISTRO NÃO PROGRAMADO 160
55. INCLUSÃO DOS INFORMAIS 163
56. VALOR DO BENEFÍCIO DOS INFORMAIS 166
57. TEMPO FICTÍCIO 167
58. ACUMULAÇÃO DE PRESTAÇÕES 169
59. APOSENTADORIA COMPULSÓRIA 170

TOMO VI — PREVIDÊNCIA COMPLEMENTAR

60. PREVIDÊNCIA PRIVADA DOS ENTES ESTATAIS 173
61. INCLUSÃO DE PERMISSIONÁRIA OU CONCESSIONÁRIA 175
62. DIRETORIA DAS ENTIDADES FECHADAS 176

TOMO VII — ATO DAS DISPOSIÇÕES CONSTITUCIONAIS TRANSITÓRIAS

63. DESVINCULAÇÃO DAS RECEITAS DA UNIÃO 181

TOMO VIII — DIREITO ADQUIRIDO DO SERVIDOR

64. *TEMPUS REGIT ACTUM* 185
65. CÁLCULO DO DIREITO DO SERVIDOR 188
66. DIREITO ADQUIRIDO DO TRABALHADOR 189
67. ABONO DE PERMANÊNCIA 190

TOMO IX — TRANSIÇÃO DO SERVIDOR

68. INGRESSO ANTERIOR À EC N. 103/19 193
69. AUMENTO DA IDADE MÍNIMA 195
70. MAJORAÇÃO DA PONTUAÇÃO 196
71. CÁLCULO DO TEMPO DE CONTRIBUIÇÃO 197
72. APOSENTADORIA DO PROFESSOR 199
73. MAJORAÇÃO DA PONTUAÇÃO 200
74. VALOR DOS PROVENTOS 201
75. PISO MÍNIMO DOS PROVENTOS 203
76. CONCEITO DE REMUNERAÇÃO 205
77. NORMAS CONSTITUCIONAIS E INFRACONSTITUCIONAIS 208
78. EXTENSÃO DO § 9º 209
79. AGENTES POLICIAIS 210
80. DESFAZIMENTO DO VÍNCULO FUNCIONAL 212
81. VEDAÇÃO DE COMPLEMENTAÇÃO 213
82. ABONO DE PERMANÊNCIA 214

TOMO X — REGULAMENTAÇÃO DE REGIME PRÓPRIO

83. REGULAMENTAÇÃO PROVISÓRIA DO REGIME PRÓPRIO 217

84. COMANDOS DO REGIME PRÓPRIO DA UNIÃO 221

85. ALÍQUOTA DE CONTRIBUIÇÃO DO REGIME PRÓPRIO 227

86. SISTEMA INTEGRADO DE INFORMAÇÕES 230

87. PARCELAS REMUNERATÓRIAS TEMPORÁRIAS 232

TOMO XI — DO SERVIDOR E DO PROFESSOR

88. APOSENTADORIA DO EXERCENTE DE CARGO ELETIVO 235

TOMO XII — DISPOSIÇÕES TRANSITÓRIAS DO TRABALHADOR

89. APOSENTADORIA COM FÓRMULA 86/96 241

90. APOSENTADORIA SEM FÓRMULA 86/96 244

91. PROXIMIDADE DA APOSENTAÇÃO 246

92. APOSENTADORIA PROGRAMADA 248

93. APOSENTADORIA PROGRAMADA, ESPECIAL E DO PROFESSOR QUE INGRESSARAM ANTES DA EC N. 103/19 252

94. TRANSIÇÃO DO TRABALHADOR E DO SERVIDOR 255

95. TRANSIÇÃO DA APOSENTADORIA ESPECIAL 258

96. PESSOA COM DEFICIÊNCIA 260

97. COTA DA PENSÃO POR MORTE 262

98. ACUMULAÇÃO DE PENSÕES POR MORTE 265

99. CONTAGEM RECÍPROCA, TEMPO FICTÍCIO, ATIVIDADE RURAL, CONVERSÃO DE TEMPO ESPECIAL E APOSENTADORIA SEM CONTRIBUIÇÃO 269

TOMO XIII — DIVERSOS ASPECTOS

100. CÁLCULO DA RENDA MENSAL INICIAL 275

101. SALÁRIO-FAMÍLIA E AUXÍLIO-RECLUSÃO 280

102. ALÍQUOTA DO TRABALHADOR 281

103. REMUNERAÇÃO INFERIOR AO SALÁRIO MÍNIMO 283
104. DIFERENCIAÇÃO E SUBSTITUIÇÃO..284
105. ACORDO DE PARCELAMENTO 286
106. CONTRIBUIÇÃO DA LEI N. 7.689/88..287
107. PREVIDÊNCIA PRIVADA ABERTA..288
108. EXTINÇÃO DE REGIME PRÓPRIO 289

TOMO XIV — REVOGAÇÃO E VIGÊNCIA

109. NORMAS REVOGADAS 293
110. VIGÊNCIA DA EC N. 103/19..295

PRINCIPAIS SIGLAS

ADCT	—	Ato das Disposições Constitucionais Transitórias
ADIN	—	Ação Direta de Inconstitucionalidade
AJUFE	—	Associação dos Juízes Federais do Brasil
APS	—	Agência da Previdência Social
BPC	—	Benefício de Pagamento Continuado
CCJ	—	Comissão de Constituição e Justiça
CD	—	Contribuição definida
CF	—	Constituição Federal
CJF	—	Conselho de Justiça Federal
CLPS	—	Consolidação das Leis da Previdência Social
CLT	—	Consolidação das Leis do Trabalho
CNIS	—	Cadastro Nacional de Informações Sociais
CRP	—	Certificado de Regularidade Previdenciária
CRPS	—	Conselho de Recursos da Previdência Social
CTC	—	Certidão de Tempo de Contribuição
DAT	—	Data do Afastamento do Trabalho
DER	—	Data de Entrada do Requerimento
DID	—	Data do Início da Doença
DII	—	Data do Início da Incapacidade
DOU	—	Diário Oficial da União
DRU	—	Desvinculação das Receitas da União
DSS	—	Diretoria de Seguro Social

EAPC	—	Entidade Aberta de Previdência Complementar
EC	—	Emenda Constitucional
EFPC	—	Entidade Fechada de Previdência Complementar
EPC	—	Equipamento de Proteção Coletiva
EPI	—	Equipamento de Proteção Individual
EPR	—	Equipamento de Proteção Respiratória
ESPCU	—	Estatuto do Servidor Público Civil da União
FGTS	—	Fundo de Garantia do Tempo de Serviço
FMI	—	Fundo Monetário Internacional
FUNPRESP-EX	—	Fundação de Previdência Complementar do Servidor Público Federal do Poder Executivo
IBGE	—	Instituto Brasileiro de Geografia e Estatística
IFI	—	Instituto Fiscal Independente
INSS	—	Instituto Nacional do Seguro Social
IPASE	—	Instituto de Previdência e Assistência dos Servidores do Estado
IPC	—	Instituto de Previdência dos Congressistas
JUSbrasil	—	*Site* na internet
LC	—	Lei Complementar
LOAS	—	Lei Orgânica da Assistência Social
LOPS	—	Lei Orgânica da Previdência Social
LTCAT	—	Laudo Técnico de Condições Ambientais do Trabalho
LTr	—	Legislação do Trabalho
MDSA	—	Ministério do Desenvolvimento Social
ME	—	Ministério da Economia
MEI	—	Micro Empresário Individual
MG	—	Minas Gerais
MP	—	Medida Provisória
NB	—	Número de benefício
NR	—	Nova redação

OABPrev	—	Entidade previdenciária associativa dos advogados
ON/SPS	—	Orientação de Serviço/Secretaria de Previdência Social
PBC	—	Período Básico de Cálculo
PBPS	—	Plano de Benefícios da Previdência Social
PCSS	—	Plano de Custeio e Organização da Seguridade Social
PEC	—	Proposta de Emenda Constitucional
PENAD	—	Pesquisa Nacional por Amostra e Domicílios Contínua
PPP	—	Perfil Profissiográfico Previdenciário
PREVIC	—	Superintendência Nacional de Previdência Complementar
PSSC	—	Plano de Seguridade Social dos Congressistas
RGPS	—	Regime Geral de Previdência Social
RMI	—	Renda Mensal Inicial
RPDC	—	Regime de Previdência de Donas de Casa
RPPS	—	Regime Próprio de Previdência Social
RPS	—	Regulamento da Previdência Social
RPS	—	Revista de Previdência Social
SAT	—	Seguro de Acidente do Trabalho
SEAP	—	Secretaria de Estado de Administração Penitenciária
SEII	—	Sistema Especial de Inclusão de Informais
STF	—	Supremo Tribunal Federal
STJ	—	Superior Tribunal de Justiça
TC	—	Tempo de Contribuição
TJMG	—	Tribunal de Justiça de Minas Gerais
TRF	—	Tribunal Regional Federal

INTRODUÇÃO

Em oito meses de 2019, o povo brasileiro conviveu com uma experiência inédita: poder acompanhar a tramitação do que se convencionou chamar de Reforma da Previdência Social. Na verdade, apenas alterações na legislação de benefícios dos servidores e dos trabalhadores, elevada ao patamar constitucional, sem que o emendador cuidasse de questões organizacionais da Administração Pública, matéria adjetiva e de muitos outros aspectos do Direito Previdenciário.

Para alguns pensadores seria uma tentativa da redução das desigualdades sociais, diminuição da inflação, pleno emprego, reequilíbrio da economia, universalização dos segurados e extinção do alegado déficit e dos privilégios.

Para outros, uma mascarada privatização, o fim das prestações dos obreiros humildes, o atendimento do FMI e uma demonstração cabal do ocaso da solidariedade social.

Bem, a despeito de todos os percalços, nem uma coisa nem outra. Depois de exaustivos debates, destaques e votações na Câmara dos Deputados, muitos especialistas manifestando sua opinião na mídia, alguma desidratação do PEC n. 6-A/19, finalmente, o texto foi ali aprovado. Mais tarde, em 23.11.2019, o Senado Federal acolheu a versão final.

Não é exatamente o que queria o Ministro da Economia nem o que desejavam as bancadas políticas governistas ou da oposição.

Com a EC n. 103/19, esperava-se uma sonhada desconstitucionalização da legislação previdenciária e, pasmem, sucedeu o contrário. Na indigitada providência, a Carta Magna foi concebida como lei ordinária, dispondo sobre pontos que melhor caberiam na norma infraconstitucional e que jazeriam até mesmo em decretos regulamentadores. Chegou a pormenores numéricos insuspeitados.

É possível que o Governo Federal tenha ficado preocupado com os parlamentares futuros; eles poderiam alterar sua proposta inicial com leis complementares ou ordinárias. Com a solução adotada de ampliar a constitucionalização da disciplina previdenciária, mudanças necessárias se tornarão difíceis de sobrevir.

Isso não é bom, até porque mudar é sempre necessário...

A despeito de adotar uma Lei Maior minuciosa, em algum momento os parlamentares não quiseram enfrentar questões delicadas, como fixar o valor dos benefícios e acabou por transferir essa espinhosa responsabilidade para o legislador ordinário.

Sem embargo das declarações das autoridades de que a Reforma da Previdência Social daria cumprimento ao princípio da universalidade, resta evidente não se pode afirmar que exatamente isso aconteceu. O regime dos trabalhadores foi tomado como paradigma para o regime dos servidores, mas significativas diferenças permanecem. As alusões e remissões ao Regime Geral são repetitivas e cansativas.

O elaborador da norma hesitou em juntar num só dispositivo os arts. 40 e 201 e preferiu mantê-los separados, consagrando a histórica distinção. Fugiu da ideia de consultar a sociedade e os experimentados técnicos para definir sociologicamente se o trabalhador é ou não igual ao servidor. Em todo o caso, os aproximou mais um pouco.

Não é possível evitar todo o tempo a simetria das regras vigentes e futuras do Regime Geral, devido às semelhanças e até por indicação da própria Lei Maior (art. 40, § 12).

Restará claramente a precariedade vernacular. O elaborador da EC n. 103/19, em virtude de copiar textos anteriores, repetiu os mesmos equívocos. Usa a palavra "especial" adotada em muitas oportunidades e principalmente quando fala em "Regime Próprio" ou "Regime Geral".

Todos os regimes são próprios e gerais, inerentes a uma clientela protegida previamente definida.

Regime Geral é o regime dos trabalhadores da iniciativa privada, de não estatutários, também naturalmente geral.

Como nunca foi elaborada uma norma de super direito da previdência social, o RGPS afirma-se como uma referência básica.

A Carta Magna confunde educação (que deve ser ministrada na família e complementada fora do lar) com o ensino, propiciado nos estabelecimentos escolares.

O leitor notará que muitos dos elementos dos benefícios ficaram para ser regulamentados por leis posteriores. Descabe confundir a situação atual com as inovações para quem ingressar no sistema.

Não se poderá ignorar que a concepção, no papel de muitos novos direitos ou revisão de outras pretensões, pavimentará o sítio ideal para uma infinidade de mandados de injunção.

A matéria não está bem distribuída nos 36 artigos.

A EC n. 103/19 dispõe sobre aspectos funcionais. Em termos previdenciários, inicia a disciplina do servidor (art. 40), depois de regrar a contributividade, em seguida, cuida do trabalhador (arts. 194 e 201).

Estabelece menções genéricas às diferentes prestações, complementadas com várias hipóteses.

Aborda a contribuição do servidor e do trabalhador.

Cuida da transição do trabalhador separada da do servidor, repetindo desnecessariamente os preceitos.

Os textos são cansativos e um tanto desestruturados, obrigando a sucessivas remissões (em razão de múltiplas alterações da PEC havidas no exame geral, da CCJ, comissão especial, debates para aprovação com 379/131 votos, destaques, depois discussão final na Câmara dos Deputados e, por último, exame e aprovação no Senado Federal).

Em parte, isso se deve ao entrechoque das diferentes bancadas, cada uma pretendendo consumar sua pretensão política.

Daí o leitor ser obrigado, quando quiser apreciar a disciplina de uma aposentadoria, a buscar em vários momentos do texto, uma vez que nesta exposição se deu na mesma ordem da apresentação final da EC n. 103/19.

Revela destacar que cuida respectivamente da previdência social do servidor e do trabalhador, subsistindo uma menção sucinta de institutos técnicos relevantes, mais tarde desenvolvidos e esmiuçados nos tomos subsequentes, onde são mais aclarados.

É uma pena, mas não se sabe por que o *site* da previdência social seja intitulada "Secretaria de Previdência" e que alude à "Nova Previdência", sem qualificadora do social, que há um século integra a previdência social. Previdência é uma coisa e previdência social é outra e parece que as autoridades não sabem disso.

De modo geral, a doutrina nacional posicionou-se contra a iniciativa das mudanças, no total do texto e nas situações particulares, inclusive alegando inconstitucionalidades gritantes.

Vitor Martins Dutra ("A 'Nova Previdência' dos Servidores Públicos: o Retrato Original da PEC n. 6/2019", *Revista Síntese* — Direito Previdenciário

n. 93/61) garante que não há avaliação do mérito das propostas, mas apenas a sua reprodução, ordenamento e explicação. Este trabalho não se presta a criticar ou elogiar, concordar ou discordar, mas apenas a fornecer dados concretos trazidos diretamente dos documentos elaborados pela própria equipe de governo. Na verdade, ele faz úteis comentários a vários aspectos da PEC n. 6/19 que justificam a leitura.

Ele salienta: "As dez premissas mais relevantes expostas pela Equipe Econômica". Ficaremos esperando que, com tempo e sua inteligência, avalie cada uma delas, para sabermos se tais pressupostos se justificavam à Reforma da Previdência Social.

Theodoro Vicente Agostinho, Sérgio Henrique Salvador e Ricardo Leonel da Silva ("A fragilidade argumentativa de déficit como justificativa central da proposta de reforma da Previdência Social (PEC n. 6/2019) e seus reflexos no ideário da efetividade dos direitos fundamentais", *RPS* n. 464/541).

Dentre os muitos que caminharam no mesmo sentido da censura científica, no entender deles, sobreveio ausência de fundamentação lógica para a reforma, e estes três especialistas dedicaram-se a examinar as razões de ordem econômica que autorizariam tais transformações.

Realmente, a nosso ver, subsistem motivos demográficos (baixa natalidade, crescente expectativa de sobrevida dos aposentados e morbidez do trabalhador) e conjunturais (informalidade, desemprego, sonegação fiscal) que autorizam uma modificação, mas não o alegado déficit.

A Revista Plenum Previdenciária n. 28, de novembro de 2019, às p. 39/116, trouxe a lume comentários de Cássio Benvenutti de Castro ("A ideologia da reforma na aposentadoria por incapacidade do servidor público").

Miguel Horvath Júnior e Aparecida Totolo ("A aposentadoria do professor e a PEC n. 6/2019").

Miguel Horvath Júnior e Fernando Henrique Médici ("Direitos Previdenciários e o princípio da justiça intergeracional").

Renata Cristina Lopes Pinto Martins, Yara Alves Gomes, Lisandra Panzolo dos Santos ("A proposta da reforma da previdência social brasileira: uma análise sob prisma de esvaziamento valorativo do sujeito de direito").

Rodrigo Bento de Andrade ("Do direito dos servidores federais oriundos de outros entes federativo de permanecerem no regime de previdência anterior ao FUNPRESP").

Muito do que consta de leis complementares, leis ordinárias (principalmente as ns. 8.212/91 e 8.213/91, do Decreto n. 3.048/99 e da IN INSS n. 77/15), não foram derrogados e, quando de dúvidas, na aplicação e interpretação, deverão se ajustar aos novos termos constitucionais. Da mesma forma, entendimentos e súmulas do STF e STJ e da TNU e Súmulas Vinculantes do STF seguirão o mesmo caminho.

Wladimir Novaes Martinez

1. PLANO DA EXPOSIÇÃO

Com 36 artigos, uma infinidade de parágrafos, incisos e alíneas, numa sequência inesperada de remissões que, em alguns casos, por sua vez, remetem novamente — o texto da EC n. 103/19 é complexo, repetitivo e, por vezes, sob redação precária, confusa e incompreensível.

Na medida da semelhança com as várias regras de transição, do servidor e do trabalhador, *ab initio* convém destacar que a chamada "nova previdência" é concisamente estampada nos arts. 40 e 201.

Na medida do possível seguimos a ordem dos comandos constitucionais.

Consultas ao texto não serão fáceis e os interessados terão dificuldades de se localizar nessa dicção tão cheia de labirintos e preciosismos.

Em razão disso, dividimos a exposição dos comentários em 12 tomos, intitulando brevemente os capítulos, encimados em negrito pelo dispositivo abaixo comentado.

Os tomos contêm os seguintes capítulos:

I — Aspectos funcionais do servidor (2/9)

II — Previdência social do servidor (10/31)

III — Custeio do Regime Próprio (32/36)

IV — Custeio do Regime Geral (37/42)

V — Previdência Social do trabalhador (43/58)

VI — Previdência complementar (59/61)

VII — Ato das Disposições Constitucionais Transitórias (62)

VIII — Direito adquirido do servidor (63/66)

IX — Transição do servidor (67/81)

X — Regulamentação do Regime Próprio (82/86)

XI — Do servidor e do professor (87)

XII — Disposições transitórias do trabalhador (88/98)

XIII — Diversos aspectos (99/107)

XIV — Revogação e vigência (108/109)

Os principais preceitos fazem parte de regras permanentes e transitórias

Regras permanentes

Art. 40 — Previdência Social do servidor

Art. 149 — Regime Próprio de Previdência Social

Art. 201 — Previdência Social do trabalhador

Art. 202 — Previdência complementar

Regras transitórias

Art. 109 — Competência da Justiça Estadual

Art. 3º — Aposentadoria do servidor (§ 3º)

Art. 4º — Aposentadoria do servidor

Art. 5º — Aposentadoria do policial civil

Art. 6º — Vigência do art. 37, § 14

Art. 7º — Complementação da aposentadoria

Art. 8º — Aposentadoria do servidor

Art. 9º — Regime Próprio de Previdência Social

Art. 10 — Aposentadoria no RPPS

Art. 11 — Contribuição previdenciária

Art. 12 — Sistema integrado de informações

Art. 13 — Parcelas remuneratórias

Art. 14 — Vedação de novos segurados

Art. 15 — Aposentadoria do trabalhador com Fórmula 95

Art. 16 — Aposentadoria do trabalhador sem Fórmula 95

Art. 17 — Proximidade da aposentação

Art. 18 — Aposentadoria por idade do trabalhador

Art. 19 — Aposentadoria do trabalhador

Art. 19 — Complementação da aposentadoria (§ 1º)

Art. 20 — Aposentadoria do segurado e do servidor

Art. 21 — Aposentadoria especial

Art. 22 — Aposentadoria da pessoa com deficiência

Art. 25 — Tempo fictício

Art. 26 — Cálculo dos benefícios

Art. 27 — Salário-família e auxílio-reclusão

Art. 28 — Alíquotas de contribuição

Art. 29 — Remuneração inferior ao mínimo

Art. 30 — Vedação da diferenciação e da substituição

Art. 31 — Parcelamento e moratória

Art. 32 — Alíquotas de contribuição da Lei n. 7.689/88

Art. 33 — Planos de previdência fechada

Art. 35 — Normas revogadas

Art. 36 — Vigência da EC n. 103/19

Tendo em vista haver dúvidas sobre o título que a nova aposentadoria adquirirá por não ter sido ainda intitulada e para distingui-la das anteriores (NB-41 e NB-42), resolvemos chamar esse benefício de Aposentadoria programada.

TOMO I — ASPECTOS FUNCIONAIS DO SERVIDOR

2. EMENTA DA EC N. 103/19

"Altera o sistema de previdência social e estabelece regras de transição e disposições transitórias.

As Mesas da Câmara dos Deputados e do Senado Federal, nos termos do § 3º do art. 60 da Constituição Federal, promulgam a seguinte Emenda ao texto constitucional."

A Ementa da EC n. 103/19 é clara ao afirmar que altera regras do sistema de previdência social, assim entendida a pública e a privada, estabelecendo comandos permanentes e transitórios. Com seus 36 artigos possivelmente ocupará o maior espaço normativo constitucional do planeta.

Na versão original, acrescentava: "e dá outras providências", descrição que ainda corresponde a verdade, pois desbordou em alguns momentos.

Os dois regimes do sistema nacional (RGPS e os RPPS) mantiveram-se estatais, obrigatórios, contributivos, solidários e distinguidos da cobertura particular e facultativa. Efetivamente, em vez de "sistema" deveria dizer "legislação", a única entidade afetada. Não somente a constitucional e muito o que faz parte da legislação ordinária, lembrando-se que uma infinidade de normas administrativas continuam vigentes.

Uma infinidade de princípios, disposições jurisprudenciais, legislativas e administrativas, de toda ordem como súmulas comuns e vinculantes, decretos, portarias, instruções normativas, pareceres e entendimentos deverão ser revistos.

Claro, dispôs sobre a previdência privada em vários aspectos, mas não orgânica, geral, nem sistematicamente.

Ao invés de desconstitucionalizar o subjacente, o emendador ampliou a presença da participação da seguridade social na Carta Magna. Com isso petrificou preceitos técnicos que propiciarão dificuldades no futuro e a serem revistos, quando o tempo ensinar que eram impróprios, mas satisfizeram equivocadas lideranças que julgam bastar contemplar uma pretensão na Carta Magna para que ela se torne um direito.

O que é pior, supor que a Lei Maior é a Suprema Norma.

Muito do que foi disciplinado poderia constar de uma Lei Delegada ou Lei Ordinária. Possivelmente os parlamentares entenderam por sistema algo menor, vez que pouco alteraram matéria procedimental ou a organização administrativa.

Releva ressaltar: são dois grupos de dispositivos, os que modificam o texto constitucional e os inúmeros preceitos pontuais.

3. NORMAS GERAIS SOBRE POLICIAIS MILITARES

"Art. 1º Constituição Federal passa a vigorar com as seguintes alterações:

Art. 22.

(...)

"XXI — normas gerais de organização, efetivos, material bélico, garantias, convocação, mobilização, inatividades e pensões das polícias militares e dos corpos de bombeiros militares."

Na versão original de 1988, o art. 22 possuía 29 incisos e um parágrafo único, cuidando especificamente da competência da União para legislar.

No inciso XXII ditava: "competência da polícia federal e das polícias rodoviárias e ferroviárias federais".

Ao lado de institutos técnicos militares, a nova redação estabelece que a União poderá estabelecer normas sobre inatividade e pensão dos policiais militares e dos corpos de bombeiros militares, compreendendo como militares também os rodoviários e ferroviários.

Equivocou-se ao falar em inatividade (que é menos do que quis dizer) e mencionar pensões das policiais, quando pretendia aludir aos dependentes desses mesmos policiais.

A dicção se salvaria se, assim fosse, adotando linguagem europeia consagrada, como pensão, pensava nas aposentadorias, mas, como alude a inatividades (a serem entendidas como aposentadorias), possivelmente "pensões" são as pensões por morte.

O ditame evidencia como essa categoria de trabalhadores obteve realce e, principalmente, em razão da periculosidade de suas atividades.

4. READAPTAÇÃO PROFISSIONAL

Art. 37.

(...)

"§ 13. O servidor público titular de cargo efetivo poderá ser readaptado para exercício de cargo cujas atribuições e responsabilidades sejam compatíveis com a limitação que tenha sofrido em sua capacidade física ou mental, enquanto permanecer nesta condição, desde que possua a habilitação e o nível de escolaridade exigidos para o cargo de destino, mantida a remuneração do cargo de origem."

Para o art. 24 da Lei n. 8.112/90 (ESPCU):

"Readaptação é a investidura do servidor em cargo de atribuições e responsabilidades compatíveis com a limitação que tenha sofrido em sua capacidade física ou mental verificada em inspeção médica.

§ 1º Se julgado incapaz para o serviço público, o readaptando será aposentado.

§ 2º A readaptação será efetivada em cargo de atribuições afins, respeitada a habilitação exigida, nível de escolaridade e equivalência de vencimentos e, na hipótese de inexistência de cargo vago, o servidor exercerá suas atribuições como excedente, até a ocorrência de vaga."

Portanto, tal providência administrativa não se confunde com a habilitação nem com a reabilitação profissional (institutos técnicos consagrados no Direito do Trabalho).

O novo texto acresceu o "desde que possua a habilitação e o nível de escolaridade exigidos para o cargo de destino, mantida a remuneração do cargo de origem", exigência bastante significativa e que carecerá de regulamentação.

Um pressuposto lógico e legal é a perda da aptidão fisiológica ou psicológica própria para o cargo a ser exercido e enquanto isso perdurar.

A lei fala em poder, se a medida derivar de ofício, mas o servidor também poderá requerê-la e a administração pública deverá apreciar essa pretensão.

Uma disposição que possivelmente não gerará polêmicas na medida em que os vencimentos serão mantidos durante todo o processo.

Curiosamente não tratou da readaptação dos servidores celetistas.

5. EXTINÇÃO DO VÍNCULO FUNCIONAL

Art. 37.

(...)

"§ 14. A aposentadoria concedida com a utilização de tempo de contribuição decorrente de cargo, emprego ou função pública, inclusive do Regime Geral de Previdência Social, acarretará o rompimento do vínculo que gerou o referido tempo de contribuição."

Tratando de matéria trabalhista, o § 14 cuidou do desfazimento do vínculo funcional do servidor federal (possivelmente tomando essa expressão num sentido geral), incluindo o ocupante de cargo efetivo (estatutário), empregado público (celetista) e pondo fim também à função, preceituando a extinção da relação administrativa, ainda que não referida expressamente, uma decisão que também vale para a aposentadoria compulsória.

Vale ressaltar que esse cenário não se identifica com os segurados da iniciativa privada, na medida em que a qualidade de servidor, após a aposentadoria, não se projeta por algum tempo à frente. Cessa no dia seguinte ao ato da aposentação.

Caso esse jubilado tenha alguma pretensão em termos de previdência social, quando constitucionalmente cabível o exercício de trabalho em outro ente federativo, terá de começar vida nova, inclusive filiando-se ao RGPS.

Será bom ressaltar que somente cuidou de uma aposentadoria baseada no tempo de contribuição, não aludiu expressamente ao benefício do servidor por incapacidade permanente nem da aposentadoria especial ou por invalidez. Mas, com certeza essa conclusão acabará valendo, via exegese, para esses três benefícios.

Se o servidor, especialmente o celetista, estava filiado ao RGPS, a concessão do benefício põe fim à relação jurídica laboral.

Aqui resta uma dúvida que a lei regulamentadora terá de desfazer: os servidores públicos não estatutários, quando desfeito o vínculo laboral estatal, beneficiam-se do disposto no PBPS. A interpretação doutrinária terá de se haver com a letra "g" e § 5º do art. 11, I, do PBPS.

O emendador parece gostar de criar problemas interpretativos, quando usa a palavra "concedida", em vez de aludir à Data de Entrada do Requerimento — DER.

Entender que a expressão "servidor público" não quer dizer apenas e tão somente serviço público efetivo, mas abrange outros trabalhadores, entre eles os celetistas que prestam serviços ao Estado, tem sido um obstáculo à compreensão de certos fenômenos trabalhistas que jazem no âmbito do vínculo laboral estatal. Como mostra Bruno de Sá Freire Martins ("A aposentadoria pelo INSS e o vínculo estatutário", *RPS* n. 467/821), com a aposentação cessa o vínculo do celetista com o Estado. Rigorosamente, essa pessoa deve ser designada como aposentada e não como servidora aposentada.

6. COMPLEMENTAÇÃO DE APOSENTADORIAS

Art. 37.

(...)

"§ 15. É vedada a complementação de aposentadorias de servidores públicos e de pensões por morte a seus dependentes que não seja decorrente do disposto nos §§ 14 a 16 do art. 40 ou que não seja prevista em lei que extinga regime próprio de previdência social."

Em algumas situações históricas, como foi o caso dos antigos ferroviários, era possível uma complementação ou suplementação dos proventos do trabalhador.

Respeitado o direito adquirido, fora das duas hipóteses contidas no § 15, isso não mais será permitido. Mas essa restrição, neste momento, não veda a percepção cumulativa de aposentadoria por parte dos pensionistas.

Não quer o emendador qualquer outro tipo de adução pecuniária, cuidando da supletividade estatal, sem prejudicar a independência e individualidade do seguro privado.

Ainda que trate de uma possibilidade remota do preceito, cuida da situação criada com o desaparecimento de um fundo de pensão.

Carece entender que a EC n. 103/19 não desautorizou qualquer outra modalidade de previdência particular que complemente a previdência social, pública ou privada, principalmente as oferecidas por bancos ou companhias seguradoras.

E, se for o caso, espécie praticamente em extinção, a proteção propiciada pelas empresas aos seus empregados.

Por último, a praticada pela pessoa, em caráter individual, sem envolver entidade previdenciária, como é o caso de uma caderneta de poupança em que reunido capital que permita a compra de uma renda programada ou vitalícia.

Até mesmo uma prestação da previdência do exterior.

7. SERVIDOR COM MANDATO ELETIVO

> **Art. 38.**
>
> (...)
>
> "V — na hipótese de ser segurado de regime próprio de previdência social, permanecerá filiado a este regime, no ente federativo de origem."

Não é conveniente a leitura isolada deste preceito sem verificar o que diz o art. 38 da Carta Magna.

Ele cuida da situação laboral de um cidadão eleito para um cargo público.

a) sendo ele federal, estadual ou distrital, será afastado do cargo, emprego ou função;

b) caso eleito prefeito, afastado do cargo, emprego ou função, sendo facultado optar pela remuneração desta última atividade;

c) quando vereador, havendo compatibilidade de horários, receberá as vantagens do seu cargo, emprego ou função, sem prejuízo da remuneração do cargo eletivo e, não havendo compatibilidade, aplica-se a norma anterior; e

d) em qualquer circunstância que exija o afastamento para o exercício do mandato eletivo, seu tempo de serviço será contado para todos os efeitos legais, exceto para promoção por merecimento.

Portanto, agora no dizer desse inciso V, se estava filiado a um Regime Próprio, nele continuará.

Este novo cenário reclama esmiuçamento administrativo e regulamentação da situação em que se encontra o segurado, à luz do que dispõe a Lei n. 9.506/97 e esta novidade da EC n. 103/19.

Portanto, fará jus às prestações previdenciárias segundo as regras do aludido regime próprio de previdência social.

8. INCORPORAÇÃO DE VANTAGENS

Art. 39.

(...)

"§ 9º É vedada a incorporação de vantagens de caráter temporário ou vinculadas ao exercício de função de confiança ou de cargo em comissão à remuneração do cargo efetivo."

Rendas laborais ou funcionais que devem fazer parte do conceito de salário de contribuição para fins de cálculo dos benefícios previdenciários e tema complexo, discutido nos tribunais e justifica atenção dos estudiosos.

Os órgãos públicos, em particular as prefeituras municipais, são useiros e vezeiros em criar gratificações e outros penduricalhos para os servidores, às vezes, dispensando contribuição sobre esses valores para agradar os trabalhadores.

Historicamente, era comum criarem vantagens às portas da aposentação e fixar a RMI igual a do último vencimento.

Em algum momento pode dar-se de um servidor efetivo ser nomeado para um cargo temporário, de confiança ou em comissão. Neste caso, além dos seus vencimentos usuais, normalmente é instituída uma retribuição em seu favor que será auferida enquanto exercer a função para a qual foi designado.

Cumprida sua missão laboral, normalmente temporária, voltando à condição de servidor efetivo, a eventual vantagem até então percebida não será incorporada aos seus vencimentos para fins funcionais (e previdenciários, para isso).

Logo, não há direito ou direito adquirido a elas, o que pode representar prejuízo funcional pessoal porque o servidor conviveu com o total auferido mensalmente. Se desejar maior proteção futura, o ideal é que reserve recursos próprios para uma previdência privada.

TOMO II – PREVIDÊNCIA SOCIAL DO SERVIDOR

9. NATUREZA DO REGIME PRÓPRIO

Art. 40.

Caput.

"O regime próprio de previdência social dos servidores titulares de cargos efetivos terá caráter contributivo e solidário, mediante contribuição do respectivo ente federativo, de servidores ativos, de aposentados e de pensionistas, observados critérios que preservem o equilíbrio financeiro e atuarial."

Nota-se que, a despeito do uso popular consagrado da palavra "funcionário", o ditame reporta-se a "servidor", que etimologicamente significa a pessoa que serve o público.

Neste ensejo, convém deixar clara uma questão vernacular que atormenta os comentaristas: servidor público é um gênero que comporta várias espécies:

a) servidor ocupante de cargo efetivo (estatutário);

b) empregado público (celetista);

c) ocupante de cargo de confiança;

d) ocupante de cargo em comissão; e

e) contrato temporário.

São agentes públicos os eleitos (presidente da República, governadores, prefeitos (e vices), deputados federais e estaduais, senadores e vereadores.

Por vezes, o ente público também admite autônomos.

Clientela protegida

O preceito enfocado trata de uma clientela específica de trabalhadores: os servidores públicos efetivos, também conhecidos como estatutários. Normalmente, aqueles que prestaram concurso público e tomaram posse em algum ente federativo da República.

Neste momento, não inclui os não-estatutários, empregados públicos, ocupantes de cargo de confiança ou em comissão, além de autônomos e outros agentes públicos, como os ocupantes de cargos eletivos (estes, sob regência própria).

A situação do servidor requisitado é disciplinada em particular, dependendo da modalidade da requisição e do órgão requisitante, conforme o caso, o qual assume as responsabilidades trabalhistas e previdenciárias.

Os dizeres do art. 19 do ADCT que, em nenhum momento trata de estatutários, continuam produzindo celeumas e confusões. Muitos estados e municípios equivocadamente transformaram celetistas, sem fazer concurso, em ocupantes de cargos efetivos.

No exame da ADIn n. 13.080, relatada pelo Ministro Marco Aurélio de Mello, provindo do Rio Grande do Norte, em 14.5.14, o STF declarou inconstitucional os arts. 15 e 17 do ADCT da Constituição daquele Estado.

Disse esse relator: "A norma do art. 19 do ADCT indica simples estabilidade, ficando afastada a transposição de servidores considerados cargos públicos integrados a carreiras distintas, pouco importando encontrarem-se prestando serviços em cargo em órgãos diversos da Administração Pública".

Entidades abrangidas

As entidades estatais envolvidas são a União, o Distrito Federal, os Estados, os Municípios, as autarquias e fundações de direito público. E, como antecipado, em cada caso, o requisitante de servidor.

Regime de Previdência Social

Regime de Previdência Social é um conceito amplo, sem personalidade jurídica, compreende um conjunto de normas, geralmente legais, que disciplina a previdência social de um grupo de trabalhadores. No âmbito da previdência pública são quatro:

  a) RGPS — Trabalhadores da iniciativa privada (Leis ns. 8.212/91 e 8.213/91, Decreto n. 3.048/99 e IN INSS n. 77/15).

  b) RPPS — Servidores civis públicos (Lei n. 8.112/90 do servidor federal e ns. 9.717/98 e 10.887/04).

  c) PSSC — Congressistas (Lei n. 9.506/97).

d) Servidores militares (Lei n. 4.865/60)

Quando respeitante à previdência privada são oito:

a) Previdência fechada;

b) Previdência aberta;

c) Previdência associativa;

d) Previdência patronal ou trabalhista;

e) Montepios;

f) Seguro privado;

g) Carteiras de categorias profissionais; e

h) Previdência patronal.

Noção de contributividade

Contributividade é uma obviedade previdenciária; sem contribuição (de quem quer que seja, não há previdência). A afirmação comparece desnecessariamente aludida na Lei Maior, presente tão somente para efeito de interpretação e com vistas a situações particulares.

Note-se que o *caput* fala em obrigatoriedade de contribuição dos trabalhadores, que é a regra, e admite a exceção (quando for não contributiva). Ainda que não sejam apenas estudantes, os estagiários não se sujeitam à contribuição (Leis ns. 9.422/80 e 11.788/08), mas o empregador é obrigado a propiciar-lhe um seguro privado, sem prejuízo do estagiário poder contribuir como facultativo (Código 1406).

A contribuição inunda a ideia da previdência social e ela deve ter destinação vinculada: custear benefícios, impondo-se, *ab initio*, o princípio da contrapartida e da precedência do custeio (ainda que usualmente despeitados).

Convencionadamente, na previdência social não deve haver contribuição sem prestações, mas o sistema idealizado em 1942 prevê coadjuvantes que contribuem sem que possam diretamente dela se beneficiar (parte patronal, concurso de prognósticos, lucro etc.).

Rigorosamente, numa visão geral, existe um aporte individual do segurado, uma exação empresarial e uma contribuição da sociedade de consumidores.

Na coletividade existem milhões de pessoas que não se beneficiam da previdência social, ainda que sejam contribuintes.

Isso deveria ficar bastante claro na lei ordinária que regulamentar o dispositivo constitucional, inclusive deixando bastante solar o que o segurado, quem é aposentado, sinistro consumado e sinistrado contribuir. A despeito das dificuldades da relação entre a cotização e o benefício, quando aquele não é suficiente para cobrir este, não tem sentido científico nem lógico pagar contribuições, aposentar-se e voltar a contribuir.

Caso o plano de custeio não propicie segurança financeira, que ele seja revisto e até mesmo o plano de benefícios (para contemplar renda mensal igual ao valor líquido auferido praticamente pelo trabalhador, em vez de 100% do salário de benefício) que ele seja reexaminado, mas sem exigir novas contribuições.

Solidariedade social

Na dialética, as palavras são bonitas, atraentes, enfáticas e perigosas. Algumas têm carisma e, *per se*, sozinhas transpassam ideias céleres e convincentes para quem não se aprofundar no seu real significado.

À evidência, solidariedade social é um princípio fundamental da previdência social, mas ela carece de ser explicitada em sua última intimidade, caso contrário assume o papel de um programa elevado e irrealizável.

Em linhas bens gerais, e isso todos entendem, quer dizer que quem pode ajuda quem não pode (e até quem pode). Só que sendo invisível, pessoalmente, ninguém sabe quem está ajudando.

Destarte, singelamente falando, o custeio da prestação de um jovem de 16 anos que, no primeiro dia de labor sofreu um acidente do trabalho e restará 64 anos recebendo mensalidades com apenas uma contribuição, será financiado por terceiros. Primeiro, pelos contribuintes ativos do sistema e, segundo, por aqueles que contribuíram e que não puderam preencher os requisitos legais para auferirem uma prestação.

Isso vale na previdência pública, privada (aberta e fechada) e no seguro privado. Todavia, é bom lembrar que a relação jurídica do filiado ao plano de benefícios não é sempre a mesma, ela se divide numa fase em que ele é segurado (quer dizer, sem a presença do sinistro que deflagra uma prestação) e, em outra fase, em que não mais é segurado, mas beneficiário do seguro (ainda que popularmente seja chamado de segurado por não ser agradável designá-lo como sinistrado).

Na solidariedade, individualmente considerada, existe dois atores relevantes:

a) financiador; e

b) financiado ou beneficiário.

Na primeira fase (sem que o financiador tenha ingressado no gozo da sua prestação), os seus aportes destinam-se a um fundo comum em favor dos atuais beneficiários.

Na segunda fase, deferida a prestação, o sinistrado não é mais financiador e apenas beneficiário, porque a partir de então sua relação é tão somente com o devedor da obrigação previdenciária (o ente segurador).

A individualidade desse vínculo foi reforçada e incorporada à legislação ao longo do tempo com o fator previdenciário (estabeleceu-se uma correspectividade direta entre o nível da contribuição e a da prestação) e a Fórmula 85/95.

A menção expressa à solidariedade obsta um regime de capitalização simples.

Contribuição do ente federativo

Na condição de empregador, patrão ou contratante, como se quiser, tal qual a empresa privada, o ente federativo assume obrigações gerais, formais e fiscais.

Independentemente de juros ou resultados de aplicações financeiras, acreditam renomados matemáticos que uma contribuição mensal de 12% + 24% = 36% dos vencimentos seria suficiente para dar cobertura do benefício dos servidores. Convindo majorá-las, caso continue crescendo a expectativa de vida das pessoas e a baixa natalidade.

Na condição de trabalhador, o servidor deverá contribuir como sucede com todos os segurados, cabendo até mesmo a fixação de um patamar coberto pela previdência pública e a obrigatoriedade de inscrição num regime de previdência privada.

Entretanto, o aposentado não teria de contribuir e nenhuma razão financeira (falta de recursos) justifica essa exigência. Se o plano de benefícios é deficitário, altere-se o plano de custeio; o ativo tem meios de administrar esse financiamento, o que não sucede com o aposentado.

Não reclame o dirigente com a desconfiança do cidadão em relação à previdência social, se ele ignora os princípios fundamentais do seguro social. Faz muito mais a reputação da instituição, mais do que inspirar evasão, sonegação e fraudes.

Contribuição do pensionista

Pela natureza do pensionista, que não celebrou contrato de seguro e, teoricamente, sem os mesmos recursos do outorgante da pensão por morte, não tem sentido a c0ntribuição. Se for o caso, reveja-se, e já se reviu o benefício, mas que ele não seja taxado nem com o IR.

Equilíbrio financeiro e atuarial

A Carta Magna tomou emprestada da previdência privada um conceito válido ali e praticado desde a Lei n. 6.435/77, reclamado de quaisquer planos de benefícios: o equilíbrio atuarial e financeiro.

De modo geral esses planos são deficitários, equilibrados ou superavitários. As razões que levam ao desequilíbrio são várias e a menos conhecida é a mudança da tábua de mortalidade. Já a superatividade sobrevém de contribuições superiores às atuarialmente necessárias ou diminuição das complementações. Evidentemente, o desejável é um plano equilibrado. São duas expressões técnicas: atuarial e financeiro, e elas dizem respeito a entidades distintas.

Atuarialmente, um plano entra em desequilíbrio quando o fato gerador das prestações aumenta em face do cenário anterior programado pelo matemático, por exemplo, devido à majoração da expectativa de vida.

Financeiramente, que dizer que as reservas matemáticas não serão suficientes, impondo-se a diminuição dos benefícios ou aumento da contribuição. Segundo a Nota Técnica do MDSA, o plano de benefícios dos servidores está desequilibrado e daí a reforma previdenciária da legislação de 2017.

Órgãos atuariais governamentais dos entes da República ou não, cuidando de RPPS, devem anualmente observar os parâmetros do plano de benefícios, e que não é tarefa fácil, mas necessária.

A Lei n. 13.135/15 já previu algo assim e a EC n. 103/19 contempla preceitos semelhantes. Crescendo a expectativa de vida dos segurados é preciso reequilibrar o plano, adiando o momento da aposentação ou aumentando as reservas matemáticas.

Embora desde a EC n. 41/03 houvesse essa recomendação constitucional, a União não teve essa preocupação e criou benefícios descumprindo o artigo da Carta Magna, sem fonte de custeio (Lei Complementar n. 142/13), seguindo velho hábito dos governos populistas.

10. APOSENTADORIAS DO SERVIDOR

Art. 40.

(...)

"§ 1º O servidor abrangido por regime próprio de previdência social será aposentado:"

Na versão original, o § 1º dizia:

"Os servidores abrangidos pelo regime de previdência de que trata este artigo serão aposentados, calculados os seus proventos a partir dos valores fixados na forma dos §§ 1º e 17..."

Proventos da aposentadoria (nesse momento ainda sem explicitar sob quais comandos específicos) são preceituados e esclarecidos adiante.

Os demais parágrafos cuidam das prestações e condições, como se verá.

A EC n. 103/19 alterou alguns parágrafos, deixando vigentes outros.

Nota-se uma evidente preocupação com a aposentadoria programada, do professor, compulsória, por incapacidade permanente e específicas.

As menções às demais prestações são seguidamente contempladas.

Conclusivamente, é possível admitir que, com as EC ns. 20/98, 33/01, 41/03, 47/05, 70/12, 72/13 e 88/15, vivenciamos uma reforma permanente da aposentadoria por tempo de contribuição (NB-42).

Equivocadamente, o emendador crê que aperfeiçoando esses benefícios serão resolvidos os problemas da previdência social. Mas, eles são maiores e, por sua vez, reclamam uma reforma da gestão.

Quiçá um Código de Direito Previdenciário possa amenizar esses questionamentos.

11. BENEFÍCIO POR INCAPACIDADE PERMANENTE

Art. 40.

"I — por incapacidade permanente para o trabalho, no cargo em que estiver investido, quando insuscetível de readaptação, hipótese em que será obrigatória a realização de avaliações periódicas para verificação da continuidade das condições que ensejaram a concessão da aposentadoria, na forma de lei do respectivo ente federativo."

O título deste benefício entra em conflito com sua descrição. Aposentadoria permanente é definitiva, aquela que não comporta mais o resgate da habilitação do trabalhador para o serviço. O nome incapacidade permanente não pode ser porque admite avaliações periódicas que podem concluir pela recuperação da aptidão.

Impõe-se decompor este dispositivo em seus vários elementos:

a) conceito de incapacidade laboral;

b) definitividade da inaptidão;

c) natureza da prestação;

d) significado da expressão "cargo";

e) obrigatoriedade do exame inicial;

f) continuidade das condições;

g) periodicidade das avaliações;

h) insuscetibilidade de reabilitação;

i) perícia médica dos sexagenários;

j) questões vernaculares;

k) art. 45 do PBPS;

l) benefício parental;

m) análise biopsicossocial;

n) volta ao trabalho; e

o) adequação pelo ente federativo.

Incapacidade laboral

Incapacidade laboral (e não para outros esforços humanos) quer dizer o impedimento fisiológico, psicológico e, quiçá, sociológico, para o exercício de um cargo ou função (e não de outros ambientes laborais), admitindo-se, pois, que sem readaptação não haverá jubilação.

Readaptado, quando o servidor cumprir os requisitos obterá aposentadoria nesse cargo.

Reflete a mesma inaptidão trabalhista da iniciativa privada (PBPS, art. 42), estabelecida após perícia médica promovida pelo RPPS, conhecida como aposentadoria por invalidez.

É possível que devido à doutrina e algumas decisões ou súmulas judiciais, também deva ser considerada a análise biopsicossocial.

Definitividade da inaptidão

A menção à permanência da incapacidade não aclara perfeitamente a condição factual do impedimento laborativo do requerente do benefício.

Repete-se. Isso causará confusão entre permanente e definitiva. Permanente parece dizer a mesma patologia continuada. Na verdade, será provisória até que Perícia Médica decida pela definitividade ou o segurado complete 60 anos.

É usual as pessoas confundirem vernaculamente o aposentado por invalidez (seria permanente) com o percipiente de aposentadoria por invalidez, que seria temporária.

Esta última, até mesmo é assemelhada ao auxílio-doença do RGPS ou à licença médica dos servidores.

Quem está aposentado por invalidez não se submete mais a exames médicos periciais (devido à intensidade do seu impedimento). Tecnicamente, o médico perito não crê que o segurado se recupere ou possa ser readaptado.

O emendador quer que o percipiente de aposentadoria por invalidez tenha o benefício deferido e periodicamente seja submetido à verificação médica da sua incapacidade, faltando à prestação o caráter da definitividade.

Natureza da prestação

A essência científica deste benefício é aposentadoria por invalidez e assim deve ser considerado. Daí, de imediato, defluindo que durante sua vigência o percipiente não pode voltar ao trabalho, convindo examinar a possibilidade desse retorno ao labor ocorrer no âmbito do RGPS e dos RPPS.

Na passant, recorda-se a problemática nunca superada pela administração autárquica relativa aos "bicos" e "biscates" de pouca expressão jurídica e que causa angústias entre os aposentados que buscam implementar a sua renda.

Por se tratar de um benefício de pagamento continuado substituidor dos vencimentos, não comportará acumulação com qualquer outro direito de igual natureza.

No caso de o servidor falecer sem estar aposentado, serão os parâmetros deste direito que se prestarão para a definição de alguns aspectos da pensão por morte, em particular o valor da RMI.

Expressão "no cargo"

A locução "no cargo em que estiver investido" não existia na versão anterior e gerará dúvidas. No mínimo significa no cargo do momento na Data de Entrada do Requerimento (DER) e não em outro instante (por exemplo, na DID ou DII).

Obrigatoriedade do exame inicial

Sem embargo da visível incapacidade laboral, a incapacidade laboral não pode ser presumida, demandando um exame pericial que retratará a situação do obreiro naquele momento.

Continuidade das condições

É consabido que a medicina atual, especialmente a ortopédica e a esportiva, progride significativamente na sua capacidade de estudo, perquirição de solução de muitos problemas físicos. Ao mesmo tempo a indústria farmacêutica vem propiciando avanços notáveis nos medicamentos e nas órteses e próteses.

Por isso cabe ao ente federativo a verificação continuada das condições laborais do servidor.

Periodicidade das avaliações

Daí decorre que a lei fixará lapso de tempo em que deverão ser verificadas as condições iniciais.

Insuscetibilidade de readaptação

O direito a essa aposentadoria permanente pressupõe a decisão da perícia médica de que não concluiu que o servidor esteja apto a ser adaptado em outra função.

Nota-se que o novo art. 201, I, para o RGPS, ao mencionar os eventos determinantes, menciona temporária ou permanente.

Exame médico dos sexagenários

O disposto na Lei n. 13.063/14, aplicada ao RGPS, poderá suscitar ao regulamentador da EC n. 103/19. Ou seja, de que esse servidor com mais de 60 anos tenha a provisoriedade transformada em definitividade, dispensado o exame médico pericial.

Questões vernaculares

Neste momento impõe-se um discurso que separa dois cenários comuns:

a) percipiente de aposentadoria por invalidez (que não se confunde com o auxílio-doença ou com licenças médicas); e

b) aposentado cujo pressuposto seja a definitividade da manutenção do benefício.

Ainda que deferida a prestação definitiva é possível que, em certas circunstâncias, essa definitividade seja fixada apenas no momento da concessão devido à perícia médica.

Mais tarde, com o avanço da tecnologia médica, o aposentado poderá resgatar a sua higidez laboral, apresentando-se uma delicada questão jurídica: confronto da realidade com a formalidade.

Na previdência social, a aposentadoria por incapacidade é devida a quem não pode trabalhar e o direito fluir e ser exercitado enquanto a inaptidão persistir, ou seja, tecnicamente falando, não há definitividade das outras aposentadorias.

Art. 45 do PBPS

O direito a um acréscimo de 25% no valor da aposentadoria por invalidez, que pertence ao Regime Geral, não foi considerado pelo emendador.

Benefício parental

Também não se cuidou da licença parental, possivelmente recepcionada pela Carta Magna.

Volta ao trabalho

O dispositivo silencia sobre a volta do trabalho, matéria de lei ordinária.

Adequação do ente federativo

Cada gestor terá de adequar-se a este novo comando legislativo, especialmente em matéria vernacular, pois, de modo geral, substituiu a expressão "aposentadoria por invalidez", que é uma coisa, e "incapacidade permanente" é outra.

Possivelmente, em vez de "inválido", o segurado se chamará de "incapaz", o que relevará em Direito Administrativo.

Expediente da solicitação

Requerido o benefício pelo servidor, ele será submetido à perícia médica.

Esse exame indicará:

a) concessão da prestação definitiva;

b) concessão de licença temporária;

c) indeferimento do pedido; e

d) proposta de readaptação.

Em alguns casos sobrevirá recurso administrativo e até mesmo judicial.

12. APOSENTADORIA PROGRAMADA

Art. 40.

(...)

"Inciso III — no âmbito da União, aos 62 (sessenta e dois) anos de idade, se mulher, e aos 65 (sessenta e cinco) anos de idade, se homem, e, no âmbito dos Estados, do Distrito Federal e dos Municípios, na idade mínima estabelecida mediante Emenda às respectivas Constituições e Leis Orgânicas, observados o tempo de contribuição e os demais requisitos estabelecidos em lei complementar do respectivo ente federativo."

Ab initio uma questão vernacular: até o advento da EC n. 103/19, além de outras, vicejaram duas aposentadorias no RGPS e nos RPPS: aposentadoria por idade e aposentadoria por tempo de contribuição. No Regime Geral, numeradas como NB-41 e NB-42.

Exceto para as hipóteses de transição, as duas desapareceram. Então, resta chamar este novo benefício aglutinador dessas duas de aposentadoria programada, já que apenas considera um pequeno tempo de contribuição em sua definição.

Por ora, abstraindo o valor da RMI, esse cenário propicia uma inusitada situação: uma pessoa que nunca contribuiu e, com 40 anos de idade, tomou posse como servidor, pagou 25 anos e tem 65 anos de idade, terá direito ao benefício. A ser confrontado com aquele que começou a pagar desde 20 anos de idade anos (*sic*).

Natureza jurídica

Aparentemente, ela assume o papel de aposentadoria por idade (acompanhando o resto do mundo) com a exigência de uma idade mínima nacional e bissexual.

Trata-se de uma prestação mensal de pagamento continuado em dinheiro, substituidora dos salários (portanto, inacumulável com benefícios de mesma natureza no RPPS), com alguma semelhança com as aposentadorias europeias, sem obstar a volta ao trabalho na iniciativa privada ou até mesmo a reversão no serviço público (quando interessar à Administração Pública).

Um direito subjetivo de quem preenche os requisitos legais não pode ser penhorado e põe fim ao vínculo laboral administrativo dos servidores (art. 37, § 14) sem conhecer modalidade proporcional. Só a integral.

Volição pessoal

Embora despiciendo (uma vez que o inciso II cuida da figura da compulsoriedade), a oração permite concluir que uma solicitação do benefício depende da vontade do servidor.

Quer dizer, somente o titular do direito pode deflagrá-lo, criando dúvidas em relação a normas ordinárias infraconstitucionais que autorizarem o seu deferimento por vontade do órgão público.

Alcance nacional

Os entes públicos da República são os que pertencem à União, aos Estados, Distrito Federal e Municípios, incluindo suas autarquias e fundações.

Condições mínimas

Como já preceituava o inciso III da versão anterior, são fixadas condições para assegurar o pretendido direito de se aposentar. Quem não atende essas imposições queda-se na expectativa de direito, vale dizer, não faz jus. Muito menos, direito adquirido.

Idade mínima

A idade mínima, objeto da Fórmula 95 (que era de 60 anos para os homens e 55 anos para as mulheres), passou a ser de 65 anos de idade para os homens e 62 anos para as mulheres, um patamar elevado para os padrões usuais e que aparenta estar sopesando o crescimento da expectativa de vida dos brasileiros.

Manteve ligeira diferença entre homem e mulher, mas não entre nordestinos e sudestinos.

Tempo de contribuição

Sem características de período de carência, esse tempo mínimo de 25 anos (que é de 15 anos para os trabalhadores da iniciativa privada) poderá ser ininterrupto ou interrompido, diante do silêncio normativo.

Dirá respeito ao serviço público ou à iniciativa privada, esta última por meio da contagem recíproca de tempo de contribuição (art. 40, § 9º).

Para o trabalhador rural será de 60 anos para os homens e 55 para as mulheres, com tempo mínimo de 15 anos.

Requisitos próprios do servidor

Diferentemente do trabalhador da iniciativa privada, são exigidos dos requisitos próprios do serviço público insculpidos com a EC n. 20/98:

a) tempo mínimo de 10 anos no serviço público; e

b) cinco anos no cargo efetivo.

Por último, assevera que, fora do âmbito da União, as idades mínimas e os tempos de contribuição serão estabelecidos pelos Estados, Distrito Federal e Municípios via emendas constitucionais e leis orgânicas.

13. LIMITES DOS PROVENTOS

Art. 40.

(...)

"§ 2º Os proventos de aposentadoria não poderão ser inferiores ao valor mínimo a que se refere o § 2º do art. 201 ou superiores ao limite máximo estabelecido para o Regime Geral de Previdência Social, observado o disposto nos §§ 14 a 16."

Comparada à versão original, esta nova redação apenas acresceu o *in fine*, remetendo aos §§ 14/16 (que tratam da complementação dos proventos). Por distração do emendador fala em limite máximo, mas rigorosamente só há um limite, possivelmente devido aos antigos menor e maior valor-teto.

Proventos é expressão que o Direito Administrativo cunhou para designar a renda mensal dos servidores aposentados, geralmente cifrados a partir dos vencimentos; estes constituem a remuneração do trabalho na atividade. Estes últimos, às vezes, chamados de subsídios.

Antes de fixá-los, a EC n. 103/19 estabelece os extremos verticais do montante inicial a alguma vinculação da previdência social do servidor com a do trabalhador.

O valor mínimo será o salário mínimo de R$ 1.039,00 em janeiro de 2020 e a partir de 1º.2.2020 de R$ 1.045,00. O teto da Previdência Social será de R$ 6.101,06.

Portanto, nenhum servidor receberá dos cofres públicos (quando existir uma entidade privada complementar), ou de um RPPS, valores inferiores ou superiores aos indicados.

Como se verá adiante (§§ 14/16), a diferença entre os vencimentos e o teto da previdência social será coberta pela previdência privada estatal.

Não se cogitou de estender aos servidores o acréscimo de 25% da aposentadoria por invalidez do art. 45 do PBPS.

Esses valores são estabelecidos conforme cada tipo de aposentadoria: incapacidade permanente, aposentadoria programada, compulsória e acidentária.

Por regra de cálculo, entende-se a prática de alguns institutos técnicos:

Período básico de cálculo;

Salários de contribuição;

Atualização monetária dos salários de contribuição;

Limites mensais (mínimo e máximo);

Soma dos salários de contribuição;

Divisão por meses;

Apuração do salário de benefício;

Limite do salário de benefício;

Coeficiente da prestação;

Renda mensal inicial; e

Limite da renda mensal inicial.

À evidência, observada a Carta Magna, cada ente federativo fixará as parcelas integrantes dos vencimentos que se constituem em salários de contribuição para a apuração final dos proventos, ou seja, o que integra ou não esse conceito.

Vale recordar, de passagem, que o STF somente reconhece valores sobre os quais incidiram contribuições.

14. MONTANTE DOS PROVENTOS

>**Art. 40.**
>
>(...)
>
>**"§ 3º As regras para cálculo de proventos de aposentadoria serão disciplinadas em lei do respectivo ente federativo."**

Fixar a retribuição dos servidores é matéria técnica que faz parte do Direito Administrativo, reservada a cada ente federativo e em cada segmento dos Poderes da República.

Trata-se de instituto institucional, polêmico e discutido há muito tempo e ainda sem solução definitiva. Pelo menos duas escolas de pensamento se entrechocam:

a) a que defende que deve representar um estímulo à contratação da melhor mão de obra; e

b) a que assevera que deve refletir a atividade executada.

É bastante comum se ouvir falar que os servidores federais auferem vencimentos acima do nível de mercado. Isso seria ainda maior quando diz respeito ao Poder Legislativo e Judiciário.

Um dos desdobramentos dos patamares remuneratórios que interessa estudar é o *quantum* dos benefícios previdenciários deles derivado.

Por convenção histórica, é assente no Direito Previdenciário que a prestação substitui os meios de subsistência dos inativos, cifrada a retribuição quando da atividade. O Congresso Nacional lavou as mãos e transferiu a responsabilidade ao ente federativo; cada um decida por si próprio, o que pode provocar distorções desnecessárias.

Tem sido prática, acompanhando em parte o RGPS, adotar-se uma média dos vencimentos do servidor. Vale consultar o art. 26 em que estabelecidas as regras de cálculo da renda mensal inicial.

Na ausência de regra nacional de superdireito, vale recordar que a possibilidade de cada ente federativo poder definir a renda mensal inicial, em razão da diversidade nacional, poderá gerar problemas financeiros quando da contagem recíproca de tempo de contribuição.

15. APOSENTADORIAS DIFERENCIADAS

Art. 40.

(...)

"§ 4º É vedada a adoção de requisitos ou critérios diferenciados para concessão de benefícios em regime próprio de previdência social, ressalvado o disposto nos §§ 4º-A, 4º-B, 4º-C e 5º."

Designamos como aposentadorias específicas ou diferenciadas quatro prestações não confundíveis com a aposentadoria especial dos arts. 57/58 do PBPS:

1) pessoa com deficiência (§ 4º-A);

2) agentes penitenciários educativos (§ 4º-B);

3) sujeitos expostos aos agentes nocivos (§ 4º-C); e

4) professores (§ 5º).

Primeiro, sem indicar claramente a quem se destina, comparece uma regra geral, segundo a qual não podem ser adotados requisitos ou critérios diferenciados; depois, sobrevém uma menção a quatro benefícios distinguidos.

Em vez de ser taxativo e falar na criação de direitos distintos em favor de certas categorias profissionais, o emendador constitucional veda a existência de requisitos diferenciados.

Requisitos diferenciados são os que dizem respeito ao tempo de contribuição, período mínimo de contribuição e, destacadamente, o evento determinante e a condição da pessoa humana.

Pela oportunidade, vale recordar que o preceito se refere a aposentadorias e não a pensões, título atribuído a indenizações variadas criadas ao longo do tempo, sobre as quais não existem estipulações constitucionais.

Do mesmo modo, por cuidar de prestações previdenciárias, não está limitando as prestações de natureza assistenciária, caso do benefício da LOAS (Lei n. 8.742/93). Os serviços sociais também estão excluídos destas limitações.

Tais trabalhos devem ser considerados à luz do que dispunha a PEC n. 133/19, se ela for convertida em Emenda Constitucional.

Pessoa com deficiência

O primeiro inciso do § 4º, como já dispunha a legislação anterior, alude aos servidores com deficiência, matéria que, diferentemente do RGPS, não foi regulamentada e ainda compreende Mandado de Injunção.

A análise de um pedido dessa natureza, *ex vi* do art. 40, § 12, poderá se louvar nas regras da LC n. 142/13.

Agentes penitenciários e educativos

Os agentes penitenciários, agentes socioeducativos ou de policial militar com idade e tempo de contribuição diferenciados.

Aposentadoria especial

A aposentadoria especial é devida àqueles "cujas atividades sejam exercidas sob condições especiais que efetivamente prejudiquem a saúde, vedada a caracterização por categoria profissional ou ocupação".

Professores

Os educadores serão aposentados com redução da idade e anos desde que comprovem tempo de magistério.

16. SERVIDOR COM DEFICIÊNCIA

Art. 40.

(...)

"§ 4º-A. Poderão ser estabelecidos por lei complementar do respectivo ente federativo idade e tempo de contribuição diferenciados para aposentadoria de servidores com deficiência, previamente submetidos à avaliação biopsicossocial realizada por equipe multiprofissional e interdisciplinar."

O primeiro inciso do § 4º, como dispunha a legislação anterior, se referia aos servidores com deficiência, matéria que, diferentemente do RGPS, não foi regulamentada até agora e que deflagra o Mandado de Injunção.

As três variantes da aposentadoria da pessoa com deficiência estão previstas na LC n. 142/13 e dizem respeito às limitações pessoais leve, média e grave (*Benefícios da Pessoa com Deficiência.* São Paulo: LTr).

Além da LC n. 142/13, quem define esse segurado obrigatório é o art. 2º do Estatuto da Pessoa com Deficiência (Lei n. 13.146/15).

Um novo conceito comparece no art. 20 da Lei n. 8.742/93, em razão do art. 105 do Estatuto da Pessoa com Deficiência. Essa última norma não tem disposições específicas para as prestações securitárias e é um único art. 41 que remete à LC n. 142/13.

De todo modo, ela alterou várias leis, convindo ressaltar as alterações havidas no art. 16, I e III e art. 77, § 2º, II do PBPS. Além da aposentadoria por idade e por tempo de contribuição, os demais benefícios relacionados no art. 18 do PBPS seguem cenários não eficientes.

17. AGENTES POLICIAIS

Art. 40.

(...)

"§ 4º-B. Poderão ser estabelecidos por lei complementar do respectivo ente federativo idade e tempo de contribuição diferenciados para aposentadoria de ocupantes do cargo de agente penitenciário, de agente socioeducativo ou de policial dos órgãos de que tratam o inciso IV do *caput* do art. 51, o inciso XIII do *caput* do art. 52 e os incisos I a IV do *caput* do art. 144."

Agente penitenciário, agente socioeducativo ou policial militar referidos no preceito, mediante lei complementar do ente federativo poderá ter aposentadoria por idade e tempo de contribuição mínimas diferenciadas.

Essas categorias foram contempladas devido à periculosidade de suas atividades e sua relevante importância no papel de proteção das pessoas e instituições, restando consabido que, diante da violência nacional, eles próprios se expõem à ação deletéria dos marginais.

Agente penitenciário é o responsável por vigiar as instituições prisionais, zelando pela segurança da sociedade, além de manter a integridade física e saúde dos presos. Nos presídios são obrigados a permanecer em muralhas ou guaritas durante a jornada de trabalho, ouvindo imprecações dos sentenciados. Operam armados e muitas vezes são agredidos fora do estabelecimento prisional por parentes dos vigiados.

O agente socioeducativo ou agente de escolta e vigilância executa atividades relacionadas com a gestão do sistema socioeducativo. Ele atende adolescentes do sistema estadual de medidas socioeducativas, ocupados na ressocialização de jovens, atuando diretamente na segurança de adolescentes, bem como na segurança da unidade da internação.

Sua função é delicada porque deve manter contato pessoal com os reeducandos que, necessariamente, não compreendem o seu papel de educador.

De modo geral, policiais militares são servidores públicos ocupados sistematicamente com a segurança das pessoas, autoridades e instituições.

De todos eles são os que mais sofrem agressões, tentativas de morte, homicídio consumado, no exercício de suas funções. O número de assassinados por ano no Rio de Janeiro é o mais elevado do planeta.

O dispositivo não aludiu a outros profissionais que trabalham nas cadeias e presídios, como é o caso dos carcereiros e guardas sujeitos a uma convivência pessoal com os apenados.

18. APOSENTADORIA ESPECIAL

Art. 40.

(...)

"§ 4º-C. Poderão ser estabelecidos por lei complementar do respectivo ente federativo idade e tempo de contribuição diferenciados para aposentadoria de servidores cujas atividades sejam exercidas com efetiva exposição a agentes nocivos químicos, físicos e biológicos prejudiciais à saúde, ou associação desses agentes, vedada a caracterização por categoria profissional ou ocupação."

O emendador constitucional desceu a insuspeitados pormenores disciplinando o direito de categoria que vigeu até 28.4.1995. Como acontece na lei ordinária, o benefício é de ordem geral e não para categorias especificadas. Quem puder demonstrar a deletéria exposição aos agentes nocivos fará jus ao benefício.

Segundo informações do gabinete do senador Paulo Renato Paim, a vedação do "enquadramento por periculosidade", que fazia parte do texto, será objeto de Projeto de Lei Complementar, cuja ementa diz:

"Regulamenta o inciso II do § 1º do art. 201 da Constituição Federal, que dispõe sobre a concessão de aposentadoria especial aos segurados do Regime Geral de Previdência Social cujas atividades sejam exercidas com efetiva exposição a agentes nocivos prejudiciais à saúde."

Tal texto pretende revogar os arts. 57/58 do PBPS.

Espera-se, então, finalmente, a despeito da solução encontrada pela Súmula Vinculante STF n. 33, que matéria seja inteiramente regulamentada e cessem os mandados de injunção e todas as dúvidas.

Como acontece na lei ordinária, o benefício é de ordem geral e não para categorias especificadas. Quem puder demonstrar a deletéria exposição aos agentes nocivos fará jus ao benefício.

A EC n. 103/19 não pormenorizou esse benefício do servidor como o fez em relação à aposentadoria por idade, do professor e por incapacidade permanente.

Deixou por conta de uma lei complementar prometida desde 1998 e até hoje não promulgada.

A remissão autorizativa do § 12 do art. 40 e todo o desenvolvimento da EC n. 103/19 revelam que o emendador deseja uma identificação da aposentadoria do servidor com a do trabalhador. O que, no passado, inspirou a aludida Súmula Vinculante STF n. 33.

Assim, os requisitos básicos devem ser praticamente os mesmos dos arts. 57/58 do PBPS, com exigência da qualidade de servidor estatutário e evento determinante específico, este, sim, de difícil manejo, como vem sucedendo no RGPS.

Não ficou clara a obstrução na conversão de tempo especial em comum e também na contagem recíproca de tempo de serviço do RGPS e entre os RPPS, com a emissão da CTC.

Servidor requisitado e em disponibilidade terão normas próprias, da mesma forma para quem exercer múltiplas atividades, caso dos médicos.

Os agentes nocivos serão os físicos, químicos, biológicos, ergométricos e psicológicos. Até mesmo uma combinação deles.

Seus níveis de tolerância observarão os comandos trabalhistas e previdenciários, aplicando-se toda a teoria da tecnologia de proteção do trabalhador, como o uso de EPI, EPR e EPC.

Serão admitidos todos os meios de prova reconhecidos em Direito, entre os quais, o LTCAT e PPP, além dos instrumentos indiretos e a prova emprestada.

A habitualidade, a permanência e a intermitência farão parte do instituto técnico. Não haverá possibilidade de volta ao trabalho na mesma atividade.

Cada RPPS organizará sua própria análise pericial para verificação do conteúdo dos documentos comprobatórios da exposição aos agentes nocivos.

A disposição constitucional não afastava a eficácia da mencionada Súmula Vinculante STF n. 33:

> "Aplicam-se ao servidor público, no que couber, as regras do regime geral da previdência social sobre aposentadoria especial de que trata o art. 40, § 4º, inciso III da Constituição Federal, até a edição de lei complementar específica."

Consigne-se que em outubro de 2019 foi apresentando um Projeto de Lei Complementar, regulamentando o inciso II do § 1º do art. 201 da Carta Magna, disciplinando a aposentadoria especial do trabalhador, com fixação de limite de idades.

Dia 5.6.2020, examinando o RE n. 791.961, de iniciativa do INSS e tendo como relator o Ministro Antonio Dias Toffoli, o STF decidiu por 7x4 que o aposentado pela aposentadoria especial não poderá voltar ao trabalho na mesma atividade insalubre.

19. APOSENTADORIA DO PROFESSOR

Art. 40.

(...)

"§ 5º Os ocupantes do cargo de professor terão idade mínima reduzida em 5 (cinco) anos em relação às idades decorrentes da aplicação do disposto no inciso III do § 1º, desde que comprovem tempo de efetivo exercício das funções de magistério na educação infantil e no ensino fundamental e médio fixado em lei complementar do respectivo ente federativo."

Até 29.6.81, *ex vi legis* do art. 31 da Lei n. 3.807/60, o professor desfrutava de uma aposentadoria especial dos expostos a agentes nocivos, que mais tarde compareceu nos arts. 57/58 do PBPS, sendo que jamais ficou decidido com certeza científica se o evento determinante era a insalubridade (devido ao uso do giz) ou a penosidade de ministrar aulas e ensinar.

Então, poucos consideraram que ela cobria algum risco (de perda da integridade física ou saúde) e não o sinistro.

Constitucionalização do benefício

Diante da inexcedível relevância da nobre função do educador, após enormes esforços das lideranças sindicais do professorado, com a EC n. 18/81, esse benefício foi guindado à condição de direito constitucional.

Ela pontuava em seu art. 2º:

"O art. 165 da Constituição Federal é acrescido do seguinte dispositivo, passando o atual item XX a vigor a aposentadoria para o professor após 30 anos e, para a professora, após 25 anos de efetivo exercício em funções de magistério, com salário integral."

Essa norma superior dizia que a renda mensal inicial seria integral (sede de grande polêmica exegética na época), uma justa homenagem da sociedade, por todos os títulos, ao meritoso empenho educativo pessoal dos docentes.

A obviedade solar dessa proteção específica era e é tão exuberante que poucos estudiosos se debruçaram sobre o fundamento técnico da distinção previdenciária.

Sem lograr imaginar como merecidamente prestigiar o magistério, merecedor de todos os encômios nas políticas públicas, não sabendo o que fazer, como sói acontecer, o legislador utilizou-se de uma prestação da Previdência Social para promover a recompensa dos professores, embora não fosse o papel institucional dessa técnica protetiva.

Uma aposentadoria precoce seria suficiente para a sociedade agradar, premiar e estimular os mestres, introduzida sem um aprofundamento científico da questão, que reclamava uma análise sociológica técnica.

Naquela ocasião e sempre, muitos observadores da legislação previdenciária não conseguiram assimilar como uma professora que tivesse se iniciado no magistério aos 20 anos poderia se jubilar precocemente aos 45 nos de idade, sendo certo que, segundo o IBGE, ela viveria até os 80 anos.

Mesmo no âmbito do princípio da solidariedade social, nuclear na técnica securitária, num raciocínio atuarial simplificado, não puderam entender que contribuísse por 25 anos e recebesse por 35 anos, simetricamente com o que sucede com a aposentadoria especial comum.

Aqui releva um problema intrigante, não inteiramente bem perquirido: a solidariedade previdenciária seria bastante para acatar que muitas categorias de indivíduos se aposentam antes, à custa daqueles que se aposentam mais tarde?

Sendo acolhida como essência da previdência social, o tempo todo, essa grande verdade, um problema é quantificar os efeitos da solidariedade quando não se dá conta de que a alíquota de contribuição da mulher é igual a dos homens e ela se aposenta 5 anos antes e vive 7 anos mais.

O nó górdio da questão será deslindar se os mestres do ensino ainda são merecedores dessa distinção e a quem cabe a responsabilidade da conta, que tem sido o INSS.

Parta-se, *ab initio*, da presunção de que a diferença se impõe, haja vista que existe há mais de 60 anos e raramente foi contestada. Malgrado ter sido estudada perfunctoriamente.

É consabido que a educação, melhor deveria se dizer o ensino escolar, é o maior problema do nosso país. Firmado esse dogma e diante das enormes dificuldades de se retribuir esse trabalho profissional condignamente em correspondência com sua relevância, tem-se que essa compensação deveria provir de outra fonte. Que, espera-se, não deva ser tão somente pecuniária.

Professor do serviço público

A idade mínima será de 57 anos (professoras) e 60 anos (professores).

Um questionamento significativo respeita as idades mínimas cogitadas. Como é comum, após completar o seu aperfeiçoamento, digamos, um professor inicia sua carreira profissional com 20 anos de idade e 30 anos depois estará com 55 anos de idade.

Todavia, não poderá se aposentar por lhe faltar 5 anos para chegar aos 60 anos de idade.

O que fará? Continuará lecionando por mais 5 anos (usualmente não terá outra profissão), totalizando 35 anos de magistério (*sic*) ou deixará a escola pública e se dedicará a outra atividade, menos estressante e, então, se aposentará no Regime Geral?

Poderá lecionar ou exercer outra atividade na iniciativa privada e dali a 15 anos, com 75 anos de idade (*sic*), obterá uma nova aposentadoria prevista na EC n. 103/19, uma vez que não mais existirá a tradicional aposentadoria por idade aos 65 anos (NB-41).

Professor da iniciativa privada

Para o professor da iniciativa privada praticamente os requisitos serão os mesmos, com exceção dos anos no serviço público.

Vale concluir uma triste realidade: desaparece a meritória justa homenagem ao valor intrínseco do educador: ele foi equiparado ao comum dos mortais e previdenciariamente transformado em proletário.

Professor com deficiência

Pode dar-se o professor ser portador de uma deficiência, com limitação leve, média ou grave, obrigando analisar a LC n. 142/13.

Possivelmente, a LC n. 142/13 será recepcionada pela Carta Magna emendada e, nesse sentido, caso presente a hipótese, vez que foram equiparados, afasta-se a presença da aposentadoria do professor e considera-se a aposentadoria da pessoa com deficiência.

Educador excluído do conceito

Em razão da exclusão de certos docentes do conceito previdenciário, quem não se enquadrar na disposição constitucional ora revista, fará jus à aposentadoria por idade, que exige 65 anos de idade e 15 anos de contribuição.

À guisa de conclusão

É difícil acreditar que o Ministério da Fazenda (*sic*), autor da proposta, tenha elaborado um estudo sociológico aprofundado sobre a profissão do professor quando propôs um limite de idade para o gozo da prestação previdenciária.

Possivelmente, não cogitou de outra modalidade de compensação para o magistério e adotou uma fórmula numérica simples.

20. ACUMULAÇÃO DE PRESTAÇÕES

Art. 40.

"**§ 6º Ressalvadas as aposentadorias decorrentes dos cargos acumuláveis na forma desta Constituição, é vedada a percepção de mais de uma aposentadoria à conta de regime próprio de previdência social, aplicando-se outras vedações, regras e condições para a acumulação de benefícios previdenciários estabelecidas no Regime Geral de Previdência Social.**"

Ordinariamente, considera-se acumulação a percepção simultânea de dois benefícios em dinheiro, de pagamento continuado, substituidores dos salários ou vencimentos, no bojo de um mesmo regime jurídico protetivo.

Nosso sistema previdenciário experimenta uma diversidade de quatro regimes básicos e cada um deles detém comandos próprios sobre esse tema.

Somente uma norma de superdireito disciplinaria o recebimento cumulativo de benefícios em relação a todos os regimes previdenciários.

Os servidores não estatutários sujeitos ao RGPS seguem as regras do art. 124 do PBPS e não podem auferir duas aposentadorias.

A acumulação resume-se ao recebimento continuado de duas ou mais prestações de igual essência. Enfocados sob o aspecto da titularidade, não há vedação à percepção de prestações de segurados e dos dependentes. Direitos próprios destes últimos, incluídos os serviços, e dos segurados, podem ser auferidos ao mesmo tempo.

A situação dos dependentes não segurados constitui universo à parte. Algumas delas, aplicáveis aos segurados valem para eles e outras, não. Os dependentes podem ter dois ou mais benefícios próprios de sua situação e adicioná-los com os típicos da condição de segurado, agora com a limitação da EC n. 103/19.

Qual nova aposentadoria estaria se referindo o texto? Só pode ser a por incapacidade permanente ou compulsória.

Aparentemente, quando compatível, não obstará a percepção cumulativa de uma aposentadoria no Regime Geral e, outra, num Regime Próprio.

Não está claro o *animus legislatoris* quando diz "a conta de regime próprio". Estaria aludindo àquele benefício em que se deu a primeira aposentação ou a todos eles?

Vale a primeira situação; nos demais regimes próprios, filiou-se obrigatoriamente, contribuiu e não causará prejuízo ao regime original.

Imagine-se um professor que preste serviços de manhã para uma Prefeitura Municipal, à tarde para o Estado e à noite para a União. Isso não é contrário à lei, essa permissão está mencionada expressamente na Carta Magna.

É possível incluir a possibilidade da complementar fechada e aberta, além do seguro privado.

No Regime Geral, pelo menos até o advento da EC n. 103/19, exceto o ônus de ter de demonstrar a dependência econômica, nada impedia uma mãe de receber pensão por morte de diferentes filhos falecidos.

Os principais benefícios substituidores por incapacidade são auxílio-doença (NB-31) e aposentadoria por invalidez (NB-32). Por tempo de contribuição, era aposentadoria por tempo de serviço (NB-42) e a aposentadoria especial.

Por idade, a aposentadoria por idade (NB-41). Com caráter laboral, o salário-maternidade e o seguro-desemprego. Em relação aos dependentes, a pensão por morte e o auxílio-reclusão.

Os principais não substituidores de pagamento continuado são o salário-família (laboral) e o auxílio-acidente (acidentário). E também o abono anual. De pagamento único, era o pecúlio.

É impossível acumular auxílio-doença e aposentadoria por invalidez, mesmo se um ou outro deles for acidentário.

A aposentadoria especial exclui a aposentadoria programada. Nenhuma delas pode ser auferida acumuladamente entre si, pois têm a mesma natureza substituidora.

Diante da definitividade, ter a aposentadoria programada e continuar trabalhando e aportando, não atribui direito a cumular com outra aposentadoria.

Mas, na figura doutrinária da reaposentação, esta última, depois de revista, pode substituir a primeira prestação.

O art. 5º, XIII, da Carta Magna garante o direito de trabalhar e permite ao aposentado voltar ao trabalho e, assim, salvo para o auxílio-doença e aposentadoria por invalidez (prestações por incapacidade), é possível auferir a remuneração com um benefício previdenciário.

Pensão por morte (do ausente ou desaparecido) é incompatível com o auxílio-reclusão, embora a mãe possa receber auxílio-reclusão relativo a pai preso e pensão por morte de filho falecido, em razão de provirem de diferentes pessoas.

Não se considerava percepção de aposentadoria e auxílio-acidente como figura de acumulação, salvo se o primeiro benefício estivesse no limite do salário de benefício. Todavia, falecido o segurado não se incorpora à pensão por morte. Com a Lei n. 9.528/97 manteve-se essa regra. Sem embargo de ocorrer a contingência protegida, não é possível acumular dois ou mais auxílios-acidente (Lei n. 9.032/95).

Os benefícios não substituidores — à exceção do auxílio-acidente e do salário-família — serão recebidos conjuntamente. Esses benefícios, como o auxílio-acidente e o salário-família, podem ser auferidos ao mesmo tempo. Aliás, acumulam-se com o próprio salário.

A obtenção de benefícios por incapacidade ou não, aposentadorias de pagamento continuado, poderá suceder juntamente com os de pagamento único. Nesse caso particular, os pecúlios por invalidez ou morte acidentários, com aposentadoria por invalidez e pensão por morte acidentários.

21. PENSÃO POR MORTE

Art. 40.

(...)

"§ 7º Observado o disposto no § 2º do art. 201, quando se tratar da única fonte de renda auferida pelo dependente, o benefício de pensão por morte será concedido nos termos de lei do respectivo ente federativo, o qual tratará de forma diferenciada a hipótese de morte dos servidores de que trata o § 4º-B decorrente de agressão sofrida no exercício ou em razão da função."

A Lei Maior, no art. 201, § 2º, fixa o valor mínimo para os benefícios da previdência social que, em 2019, era de R$ 998,00.

O art. 4º-B trata da aposentadoria especial dos agentes policiais, trabalhadores expostos diuturnamente à periculosidade inerente a sua profissão.

O preceito garante que, nas circunstâncias que aponta, o ente federativo regulamentará um benefício particular relativo ao falecimento do servidor decorrente de causa superveniente no exercício ou em razão de sua função, possivelmente com 100% do salário de benefício.

Cenário que lembra acidente do trabalho.

O primeiro evento determinante representa a atuação durante o exercício de suas obrigações usuais, sob ação derivada de ordem determinada por autoridade superior, ou seja, no cumprimento do dever.

A segunda condição é ser vítima da agressão fatal fora do exercício da profissão rotineira, em virtude de ser policial fardado ou não.

Como exemplo das duas situações: primeiro, uma ação de enfrentamento de suspeitos armados e, na segunda, ter sido atingido mortalmente, porque era policial militar.

22. CONTAGEM RECÍPROCA

Art. 40.

(...)

"**§ 9º** O tempo de contribuição federal, estadual, distrital ou municipal será contado para fins de aposentadoria, observado o disposto nos §§ 9º e 9º-A do art. 201 e o tempo decorrente será contado para fins de disponibilidade."

Neste § 9º, o emendador revê um antiquíssimo instituto técnico previdenciário: a contagem recíproca de tempo de serviço. Na versão anterior da EC n. 20/98, havia se esquecido do Distrito Federal e dos militares.

Conceito mínimo

A contagem recíproca é a adição de períodos submetidos a distintos sistemas previdenciários. Não só se aplica ao RGPS, como é comum a todos os RPPS e, conforme o art. 201, § 9º-A, ao regime militar. Entende-se que também vale para o PSSC.

Decorrente da universalização da previdência social e uma consequência direta do princípio da proteção, agora não é inédita. Com outros matizes, objeto da Lei n. 3.841/60 e de preceitos anteriores, impôs-se de longa data.

Tendo trabalhado sob diferentes planos de previdência social básica sem ter completado os requisitos individuais em cada um deles, não tinha o segurado direito de se aposentar por tempo de serviço. Em alguns casos, só o fazia com a aposentadoria por idade.

No passado, ao regulamentá-la, o legislador foi tímido e preocupou-se em limitar os seus efeitos e isso atrasou a inevitável universalidade. Podendo, não generalizou nem ordenou, forçando os estudiosos, em muitos casos, a interpretar sistematicamente a legislação. Talvez tenha sido sofreado pelo

Calcanhar de Aquiles da concepção: o acerto de contas entre os gestores. Muito difícil de ser operacionalizada, até a Lei n. 9.796/99, não havia acontecido (sic).

Consiste na totalização de períodos de trabalho prestados sucessivamente ou não na iniciativa privada e para órgãos públicos ou vice-versa, com vistas a complementar os requisitos dos benefícios.

Implantada para a vetusta aposentadoria por tempo de contribuição (NB-42), sua extensão a outros benefícios ou adoção com objetivo de majorar os coeficientes aplicáveis ao salário de benefício deve ser analisada com base nos dispositivos legais definidores das exigências e das vantagens.

Depois da edição da EC n. 103/19 se prestará para a aposentadoria programada, no que diz respeito ao tempo mínimo e para fixação dos percentuais de definição do valor do benefício.

Diante da generalidade dada ao instituto técnico e redação extensiva, abrigava certo período de carência.

O ex-servidor público poderá computar períodos anteriores oferecidos ao serviço público, para fins de implementá-los no RGPS.

Modalidades atuais

Basicamente, distinguem-se vários tipos:

Contagem entre o Regime Geral e qualquer dos RPPS, em que a reciprocidade instituída é própria da absorção do ex-IPASE pelo então INPS; e

Contagem entre o RGPS e um RPPS estadual, distrital ou municipal, quando a reciprocidade é condição exigida para a adição dos períodos de filiação.

Um terceiro tipo, operada inteiramente fora da iniciativa privada, é a conjugação de tempos de trabalho, entre si, dos servidores federal, estadual, distrital ou municipal.

Os benefícios auferidos com base na contagem recíproca variam conforme o plano de benefícios no qual o segurado esteja filiado, quando da solicitação.

Um servidor federal pode computar o período de filiação da iniciativa privada para fins de Aposentadoria por Idade/TC, aposentadoria especial, por incapacidade permanente ou compulsória.

O segurado do RGPS pode adicionar o tempo de serviço público federal para todos os benefícios elencados no art. 18 do PBPS.

São dois os objetivos principais:

1) completar os requisitos básicos do benefício (geralmente, tempo de contribuição); e

2) ampliar os coeficientes.

Nas prestações por tempo de contribuição ocorria a implementação do requisito temporal; nas demais (como a aposentadoria por idade, por invalidez ou auxílio-doença), ela se prestava apenas para fixar os coeficientes, acrescidos como tempo estranho ao regime.

A redação do PBPS é superior à da CLPS. A contagem recíproca é para "efeitos dos benefícios previstos" no RGPS. Corrige a impropriedade do art. 202, § 2º, da CF/88, antes da EC n. 20/98, quando falava em "tempo de contribuição" e, na verdade, queria dizer tempo de filiação.

Só não dizia como se faria a compensação financeira entre os diversos regimes previdenciários, deixando a explicação para o regulamento. A Lei n. 9.528/97 alterou a redação do art. 94 do PBPS, substituindo o "tempo de serviço" por tempo de contribuição com vistas à EC n. 20/98.

A contagem recíproca de tempo de contribuição é direito subjetivo constitucional, comparece também no art. 201, § 9º, e não pode ser modificada por lei ordinária.

Sobre o assunto, a Lei n. 9.032/95, alterando a redação do art. 45 do PCSS, acresceu-lhe um § 3º, o qual dita:

"No caso de indenização para fins de contagem recíproca de que tratam os arts. 94 a 99 da Lei n. 8.213, de 24 de julho de 1991, a base de incidência será a remuneração sobre a qual incidirem as contribuições para o regime específico de Previdência Social a que estiver filiado o interessado, conforme dispuser no regulamento, observado o limite máximo previsto no art. 28 desta Lei."

Quer dizer, o atual servidor público, se quiser computar tempo de contribuição filiado ao RGPS como contribuinte individual e não dispuser da prova de haver recolhido as contribuições de então, deverá, segundo o preceito, calcular 20% da base de cálculo. Fixada no teto pela Ordem de Serviço INSS/DSS n. 55/96.

O emendador aproveitou o ensejo e incluiu uma disposição laboral de Direito Administrativo que é a disponibilidade.

Acerto de contas

Em norma tida como letra morta até a Lei n. 9.796/99, presente no art. 202, § 2º, da Carta Magna antes da EC n. 20/98, a lei básica trata do acerto de contas entre os diferentes gestores.

Estabelecia evidente parâmetro: o ente concessor do benefício devia ser o receptor das contribuições vertidas ou não (alguns Estados e Municípios, mesmo a União, até a Lei n. 8.112/90, não exigiam contribuições) pelos regimes expedidores das certidões de tempo de serviço. Com a Lei n. 9.796/99, esses passos foram dados e iniciou-se procedimento de acerto de contas entre a União e os demais entes da federação.

A solidariedade entre os regimes, que não se compensavam, desapareceu com a Lei n. 9.796/99.

Atividade especial

Não havia dúvida quanto ao cômputo do serviço público (em particular, o federal) para os fins da aposentadoria por tempo de contribuição (NB-42). O problema era saber se certo lapso de tempo comum ou especial poderia ser somado ao de atividade especial do RGPS (com ou sem conversão). Mas isso foi alterado pela EC n. 103/19.

Se o segurado exerceu no órgão público uma das ocupações contempladas no Anexo IV do Decreto n. 2.172/97 (RPS, Anexo IV), o interregno pode ser adicionado respectivamente com período de igual atividade exercida na empresa privada.

A combinação da contagem recíproca com a conversão de tempo de serviço não é estranha por vários motivos:

1) o art. 2º da Lei n. 6.226/75 falava em benefícios da LOPS;

2) a Lei n. 6.887/80 mencionava "aposentadoria de qualquer espécie";

3) o art. 94 do PBPS dizia "benefícios previstos no RGPS".

Questão não inteiramente pacificada é definir se o tempo de atividade perigosa, penosa ou insalubre, obtido por força de conversão, pode ser utilizado. Em seu art. 1º, a Lei n. 6.887/80 fala em "aposentadoria de qualquer espécie"; não limitando, então, as condições, ela faz parte da legislação pertinente a que se refere o artigo. O art. 57, § 3º, do PBPS, porém, menciona "para efeito de qualquer benefício".

A rigor, quando da edição da lei introdutora da contagem recíproca (Lei n. 6.226/75) não havia conversão de tempo de serviço, e a alusão à especial não seria pertinente à aposentadoria especial.

Reciprocidade de tratamento

Dispunha o art. 3º do Projeto de Lei resultante na Lei n. 6.226/75 estender-se aos Estados e Municípios a contagem recíproca. O artigo foi vetado, mas restabelecido pela Lei n. 6.864/80, reclamando como condição para o INSS contar o tempo de serviço prestado para esses entes políticos, estes, por sua vez, considerarem também o tempo de filiação ao RGPS.

Noutras palavras, cada Estado ou Município deverá assegurar a reciprocidade para o INSS poder aceitar o tempo de serviço executado a esse Estado ou Município.

Critérios técnicos

O art. 96 do PBPS estabelece regras para a aplicação da contagem recíproca de tempo de serviço, praticamente reproduzindo o art. 4º da Lei n. 6.226/75 e art. 72 da CLPS.

A legislação pertinente referida é o PBPS, para os trabalhadores filiados ao RGPS e cada uma das leis regentes do vínculo laboral-previdenciário do servidor; para os federais, a Lei n. 8.112/90.

Consoante o inciso I, não haverá contagem em dobro ou em condições especiais. Circunstâncias essas não necessariamente explicitadas, inexistindo paradigma no regime urbano-rural, o tempo de guerra ou o de licença-prêmio, vantagem característica do servidor público, deve ser considerado simples e não em dobro.

O dispositivo legal sobre o assunto deve ser entendido, obviamente, como norma submetida ao tema contagem recíproca de tempo da atividade obreira e não como obstáculo à fruição dessas épocas, na hipótese de o laborista preencher todos os requisitos em ambos os regimes previdenciários. Quem trabalhou para a iniciativa privada e para o órgão público, simultaneamente, durante 35 anos, tem direito a duas aposentadorias por tempo de contribuição.

Consagra-se a ideia de consumição de tempo de serviço. O período de trabalho, de filiação ou de contribuição, utilizado num regime de previdência social não pode ser aproveitado em outro. Embora a disposição fale em "aposentadoria", o entendimento é mais abrangente, não se prestando para quaisquer fins ou benefícios.

Gestor da obrigação

Cabe ao INSS receber o pedido do benefício, estimá-lo, concedê-lo e mantê-lo segundo a Lei n. 8.213/91, como se o segurado tivesse sido sujeito todo o tempo ao RGPS.

De igual maneira agirá cada Município, Estado ou o Distrito Federal e a União. Completados os pressupostos no regime de cada um desses entes políticos, eles deferirão a prestação e mantê-la-ão.

Caso o ente federado não possua o regime próprio aludido no art. 12 do PBPS, automaticamente, filiados seus servidores (caráter especial) ao RGPS, não há falar em contagem recíproca de tempo de serviço e seus regimes. Os lapsos de tempo, então pertencentes a um mesmo sistema (RGPS), são simplesmente adicionados, como se fossem da iniciativa privada. "Caráter especial" porque não aplicará o final do normativo, ou seja, o benefício tem de ser calculado segundo os critérios do art. 40 da Carta de Transição Democrática.

Preenchidos os requisitos legais, pode acontecer de o segurado fazer parte, simultaneamente, dos dois regimes, isto é, o público e o privado, sobrevindo, destarte, uma dupla filiação (vinculação, no dizer errado da lei). Evidentemente, só fará jus a um benefício (não podendo os lapsos de tempo concomitantes serem somados e devendo um deles ser desprezado e até eventualmente aproveitado noutra circunstância) a ser concedido pelo órgão gestor com poder legítimo.

Vale ressaltar questão casuística e deixar claro que cabe ao entre federado e ao INSS receptores da CTC decidirem sobre sua validade material e ideológica, exemplificativamente pode dar-se do tempo ali contido já ter sido aproveitado em um regime de previdência social.

A esse respeito diz a Súmula STF n. 567:

"A Constituição, ao assegurar, no § 3º, do art. 102, a contagem integral do tempo de serviço público federal, estadual ou municipal para os efeitos de aposentadoria e disponibilidade não proíbe à união, aos estados e aos municípios mandarem contar, mediante lei, para efeito diverso, tempo de serviço prestado a outra pessoa de direito público interno."

Disciplina da contagem recíproca

Diante da instalação de milhares de regimes próprios, a emissão sistemática da CTC, transposições do regime celetista para o estatutário, o instituto técnico da contagem recíproca assumiu enorme relevância. Os arts. 94/96 do PBPS não são suficientes para todos os casos e por isso reclama-se um estudo completo desse cenário e uma nova regulamentação.

Como exemplo dessa complexidade, consulte-se o que dispõe o art. 25, § 3º, da EC n. 103/19.

No mínimo é preciso deslindar as seguintes questões:

a) Conteúdo do texto da CTC.

b) Conceito de regime de origem e regime instituidor da CTC.

c) O emissor pode emitir CTC sem ter recebido as contribuições devidas.

d) O receptor é obrigado a averbar o tempo de contribuição de período contido na CTC sem as contribuições.

e) Nesse trâmite tem validade a presunção de retenção e de recolhimento.

f) Qual a solução diante de contribuições parceladas?

g) Qual o valor das mensalidades?

h) Quem emite e quem recepciona na ausência de regime próprio?

i) Quem é o responsável pelo não recolhimento: o INSS ou a RFB?

j) Uso de uma CTC para dois regimes próprios?

k) Em que circunstâncias o tempo de contribuição pode ser fatiado?

l) Poder do receptor de homologar a CTC recebida.

m) O INSS tem de se preocupar com expurgo dos 20%?

n) Período de atividade especial pode ser convertido para o comum antes da emissão da CTC?

o) Emissão da CTC relativa a período em discussão administrativa ou judicial.

p) Tem utilidade a CTC sem o acerto de contas?

q) Nos casos de dúvidas, o segurado pode ser prejudicado?

r) Quem está obrigado à aposentação?

s) Destinatário do documento.

23. REMISSÃO AO REGIME GERAL

Art. 40.

(...)

"**§ 12. Além do disposto neste artigo, serão observados, em regime próprio de previdência social,** *no que couber*, **os requisitos e critérios fixados para o Regime Geral de Previdência Social."** (grifos nossos)

Sem embargo de historicamente não ser o mais antigo dos nossos regimes previdenciários, o Regime Geral é um paradigma técnico salutar. O comando imperativo constitucional é ele ser remetido quando ausente norma própria do servidor, do militar ou do congressista. Exceto quando a legislação destes dois últimos regimes dispuser em contrário.

Propriedade relevante que, a despeito dos ônus exegéticos, não comporta grandes dúvidas.

Entrementes, quando suscitados os questionamentos, sem exame mais aprofundado não é muito fácil apontar quais as normas invocadas do RGPS, mas algumas delas são listáveis:

a) início da filiação e exigência de inscrição;

b) critério de concessão e manutenção dos benefícios por incapacidade temporária e permanente;

c) salário-maternidade e sua aplicação para a guarda, lactante, barriga de aluguel e custódia;

d) pensão por morte e auxílio-reclusão;

e) conceito de evento determinante da pensão por morte (falecimento, ausência ou desaparecimento);

f) cômputo do tempo de serviço rural;

g) aposentadoria especial (Súmula Vinculante STF n. 33);

h) valor mínimo das prestações;

i) definição do abono anual;

j) prazos recursais;

k) acréscimo de 25% do art. 45 do PBPS;

l) revisão de benefícios;

m) data de início dos benefícios;

n) entendimentos do CRPS;

o) acumulação de prestações;

p) súmulas previdenciárias;

q) direito dos homossexuais e transexuais;

r) prazos usuais;

s) conversão de tempo especial em comum;

t) conceito de pessoa com deficiência;

u) auxílio-acidente;

v) serviços sociais;

x) reabilitação profissional (em face da readaptação);

y) salário-família;

w) acordos internacionais; e

z) período básico de cálculo.

Essas dificuldades foram amenizadas com a EC n. 103/19 quando, particularmente, ela estabeleceu necessariamente várias remissões diretas ao RGPS.

24. FILIAÇÃO DE NÃO ESTATUTÁRIOS

Art. 40.

(...)

"§ 13. Aplica-se ao agente público ocupante, exclusivamente, de cargo em comissão declarado em lei de livre nomeação e exoneração, de outro cargo temporário, inclusive mandato eletivo, ou de emprego público, o Regime Geral de Previdência Social."

Ab initio convém avultar vários não estatutários:

a) Cargo em comissão;

b) Cargo de confiança;

c) Serviço temporário;

d) Empregado público; e

e) Mandato eletivo (presidente da República, governador, prefeito) e seus vices.

A situação dos parlamentares (deputado federal, estadual e vereador) é particularizada na Lei n. 9.506/97.

Empresários, autônomos e outros prestadores de serviço não são estatutários nem servidores.

O emendador serve-se de uma expressão mais ampla do que a dos servidores, preferiu adotar o vocábulo "agente" que, em Direito Administrativo, é um gênero que compreende os servidores e outros colaboradores do Estado, entre os quais, destacadamente os ocupantes de cargos eletivos (um universo próprio).

De regra, quer dizer, o não estatutário é filiado ao RGPS e se aposenta no Regime Geral.

Obviamente, numa situação particular, esse cenário não deve ser confundido com o estatutário eventualmente ocupando cargo em comissão ou de confiança, enquanto nesse exercício.

A situação do requisitado é particularíssima. Da mesma forma como a do servidor colocado em disponibilidade. A menção à exclusividade significa que não é a hipótese de um servidor efetivo conduzido a um cargo de não efetivo.

Conforme disposição da EC n. 103/19, essas alterações aplicam-se de imediato.

Transposição de celetista para estatutário

Por variados motivos, principalmente políticos, muitos municípios costumam mudar o regime celetista para estatutário.

Considera-se transposição do regime trabalhista e previdenciário celetista para o estatuário de um ente federado, uma implantação autorizada por lei, com a transformação da condição de trabalhadores e segurados celetistas em estatutários, quando tal providência representar a vontade da sociedade e atender o interesse público.

A legislação previdenciária prevê várias modalidades de transposição, como é o caso dos regimes de inclusão referidos na Carta Magna e permite, para quem desejasse, a aposentadoria por tempo de contribuição (vedada na versão original desses regimes especiais) e adotar o Regime Geral.

Por sinal, atualmente sem qualquer disciplina geral e ausente comandos de superdireito absolutamente necessários. Naquele caso, a operação é bastante simples, sendo suficiente o segurado recolher a diferença de contribuição entre os 5% ou 11% e os 20% do RGPS. Ou seja, mais 15% ou 9% com juros de 0,5 % ao mês.

A transposição não pode ser confundida com transformação de benefícios; ela diz respeito aos regimes, uma superestrutura, e não às prestações individualmente consideradas, convindo consultar "O Instituto da *'Transformação' de Benefícios Previdenciários do Regime Geral de Previdência Social*. 2. ed. São Paulo: LTr, 2011, de Hermes Arraes Alencar.

Do mesmo modo, não se identifica com o fenômeno econômico e político da estatização de uma empresa privada ou da privatização de uma empresa estatal; são transformações societárias de grande alcance e repercussão, com características próprias.

Na esfera da previdência complementar, ela tem pouco a ver com a portabilidade de contribuições de uma entidade privada para outra, mas semelhança com a migração de planos de benefícios.

Motivação política

Como antecipado, em dado momento, os entes federativos da República são levados a alterar o regime trabalhista ou previdenciário de alguns dos seus prestadores de serviços. Propondo-se, de imediato, se podem fazê-lo apenas para algumas categorias. Movidos por razões de ordem política, personalísticas ou modais, quase sempre sob pressão dos servidores ou dos sindicatos.

Noutras oportunidades, infelizmente, a intenção é outra: fugir a algumas responsabilidades exacionais. Muitas prefeituras municipais, para escapar das dívidas com o RGPS, criaram um RPPS sobre os quais detêm enorme controle.

Mas, de modo geral, julgam que assim a Administração Pública terá melhores condições de servir o cidadão. Disse-se que o servidor é permanente e, nessa condição, pode aperfeiçoar-se na sua função durante a sua carreira.

Crê-se que a melhor explicação estaria no que leva o indivíduo a querer ser servidor: a estabilidade não oferecida pela iniciativa privada e a existência de mais direitos laborais.

Vale sempre lembrar que juridicamente se trata de uma decisão do Poder Legislativo e não do ente federativo, que apenas lhe dá cumprimento. Mas, só juridicamente... porque resulta da volição das pessoas interessadas.

No ideal dos administrativistas, tem-se que, diante do nobre papel do servidor, parece adequado que esse trabalhador seja a melhor mão de obra, bem remunerado e protegido previdenciariamente porque a sua função é relevante.

Num cenário inverso, a ideia é transformar o regime estatutário em celetista.

Devido à enorme relevância da proposta do Poder Executivo, é imprescindível que o Projeto de Lei venha acompanhado das razões que levaram a sua elaboração.

A iniciativa dessa migração é do Poder Executivo do ente federativo, que encaminha Projeto de Lei ao Poder Legislativo e, uma vez aprovada e promulgada a lei, ela tem início.

Nada obsta que mais tarde o regime recepcionante seja, por sua vez, migrado para o regime de onde proviera.

Aprovado o Projeto de Lei e sancionada a lei, a partir da data de início de sua eficácia são produzidos os efeitos desejados. Caso essa lei ordinária venha a ser contestada no Poder Judiciário, as medidas poderão ser suspensas e até canceladas quando presente ofensa à Constituição Federal.

Quando da transposição, os trabalhadores submetidos aos regimes transpostos devem ser ouvidos, admitindo-se que o ente autorizador, o Poder Legislativo, reflita representativamente a vontade dos envolvidos.

O correto é uma audiência pública, um plebiscito e até mesmo um referendo, para que os cidadãos sejam consultados.

Tem-se entendido que a adoção da transposição do regime celetista para o estatutário atende a Lei Maior.

À evidência, isso somente sucederá quando forem respeitados os seus princípios.

Como advento do regime estatuário não há qualquer solução de continuidade entre o vínculo do servidor.

Os segurados que estiverem em gozo de auxílio-doença ou aposentadoria por invalidez mantida pelo INSS permanecerão na condição anterior até após a alta médica da autarquia federal.

Somente depois ingressarão no regime estatutário, sem prejuízo da lei da transposição dispor sobre perícia médica de admissão no novo regime para fins previdenciários.

25. PREVIDÊNCIA PRIVADA

Art. 40.

(...)

"§ 14. A União, os Estados, o Distrito Federal e os Municípios instituirão, por meio de iniciativa do respectivo Poder Executivo, regime de previdência complementar para servidores públicos ocupantes de cargo efetivo, observado o limite máximo dos benefícios do Regime Geral de Previdência Social para o valor das aposentadorias do Regime Geral de Previdência Social para o valor das aposentadorias e das pensões em regime próprio de previdência social, ressalvado o disposto no § 16."

Não se sabe por que o elaborador da norma previdenciária, muitas decisões judiciais e alguns doutrinadores se referem à previdência complementar quando, na verdade, estão aludindo à previdência privada (e não seria porque ignoram a diferença).

Inexiste previsão para a hipótese de os entes federativos deixarem de criar um regime privado supletivo da sua previdência básica contida no Regime Próprio.

A União implantou a Fundação de Previdência Complementar do Serviço Público Federal do Poder Executivo — FUNPRESP-EX (Lei n. 12.618/12 e Decreto n. 7.808/12).

Quando menciona aposentadorias e pensões, fato sem relevância agora, o emendador esqueceu-se do auxílio-doença, auxílio-reclusão, auxílio-acidente, abono anual etc.

A disciplina superior de proteção privada é prevista no art. 202 da Carta Magna:

"O regime de previdência privada, de caráter complementar e organizado de forma autônoma em relação ao regime geral de previdência social, será facultativo, baseado na constituição de reservas que garantam o benefício contratado, e regulado por lei complementar."

Essa redação não é a melhor dos mundos, embora possa ser compreendida pelo comum dos mortais; os pequenos cochilos, como se verá, não são significativos a ponto de afetar a descrição desejada.

Em 17.8.20, por maioria de votos, o STF decidiu que mesmo aposentando-se antes que os homens e, portanto, aportando por menos tempo, as mulheres participantes têm direito ao benefício (RE n. 639.138, sob Repercussão Geral, relatado pelo Ministro Gilmar Mendes).

Regime de Previdência Social

O emendador de 1998 queria um regime de previdência social assemelhado ao do trabalhador da iniciativa privada: conjunto legal de comandos normativos preservando os principais institutos técnicos (*Comentários à Lei Básica da Previdência Complementar*. São Paulo: LTr, 2001).

Caráter complementar

Sem embargo do título é uma técnica privada. Caso se pretenda, será particular ou supletiva; não necessariamente complementar. Os que podem ser, serão as prestações previstas no Regulamento Básico. Ela é principal, não básica, oficial, com identidade própria, e somente seus benefícios podem ser acessórios. Raciocínio que nada tem a ver com o valor monetário dos direitos contemplados, geralmente superiores aos do Regime Geral.

Seus planos de benefícios podem ser implementares, suplementares e complementares.

Organização autônoma

Preocupadíssimo com a previdência básica, o emendador fez questão de dizer que a administração diretiva do regime é independente e não subordinada ao RGPS, vale dizer ao INSS (que nem sempre é verdade na prática).

A elaboração do Regulamento Básico de quase todas entidades fechadas é promovida à luz da Lei n. 8.213/91 a mão.

Quando da vigência da Lei n. 6.435/77, do ponto de vista prático, costumava-se determinar que uma exigência formal para a complementação era a apresentação da Carta de Concessão do INSS.

Facultatividade de ingresso

Em vez de dizer que o regime é facultativo, melhor seria dizer da facultatividade de ingresso do participante ou do empreendedor (empresário ou instituidor).

No comum dos casos, os empregadores são tecnicamente forçados a criar um fundo de pensão para atrair a melhor mão de obra.

Não desejando pagar benefícios acima do teto da previdência, os entes federados da República, na prática, obrigam-se a criar um fundo de pensão de natureza pública.

Base de financiamento

Demonstrando diferenciação em relação ao RGPS, em que não há alusão à poupança coletiva garantidora das prestações da Lei n. 8.213/91, o emendador lembra a absoluta necessidade da constituição de fontes de custeio presentes e futuras, chamadas usualmente de reservas matemáticas. Tema que não pode olvidar o princípio do equilíbrio financeiro e atuarial, postado no art. 202, dada a sua natureza, alcança também a previdência privada.

Garantia dos benefícios

É absolutamente imprescindível que as prestações vincendas sejam garantidas todo o tempo da existência do plano de benefícios.

Influência científica

Assim como o Regime Geral influencia os regimes próprios e outros regime de previdência básica (dos parlamentares e dos militares), muitos dos institutos técnicos da previdência privada, máxime fechada e do seguro privado, foram adaptados e transportados aos demais sistemas protetivos.

26. PLANO DE CONTRIBUIÇÃO DEFINIDA

> **Art. 40.**
>
> **(...)**
>
> **"§ 15. O regime de previdência complementar de que trata o § 14 oferecerá plano de benefício *somente* na modalidade contribuição definida, observará o disposto no art. 202 e será efetivado por intermédio de entidade fechada de previdência complementar ou de entidade aberta de previdência complementar."** (grifos nossos)

Cada ente da República deverá criar uma entidade fechada de previdência privada, com o seu plano de benefícios visando a cobertura de servidores cujos vencimentos ultrapassem o teto do RGPS, de R$ 6.101,06.

Quer dizer, o Estado renuncia a gestão previdenciária dos vencimentos acima do teto e, de certa forma, entrega a gestão do plano de benefícios (e com ela os seus riscos) aos próprios servidores.

A iniciativa da criação desse fundo de pensão é exclusivamente do Poder Executivo, sem prejuízo do servidor poder constituir uma entidade associativa, contando apenas com suas contribuições pessoais ou do servidor optar por uma previdência aberta ou seguro privado.

Entretanto, não contando com a participação financeira do ente federativo, essas três últimas soluções indicarão que a melhor solução é, realmente, o fundo de pensão fechado.

Curiosamente, a disposição constitucional não fixa prazo para isso nem sanção, no caso de descumprimento, sendo certo que os cofres públicos ou o RPPS não poderão arcar com a parte dos vencimentos acima do limite do RGPS. Logo, é de interesse dos servidores que essa instituição seja imediatamente criada.

Uma determinação inovadora e inesperada diz respeito à modelagem do plano de benefícios da entidade: terá de ser na modalidade de contribuição definida. Conhecido como plano CD.

Em linhas gerais, é aquele que não há benefício previamente definido e a prestação resultará da acumulação de capitais por parte do participante e, por definição, padece menos da possibilidade de vir a ser deficitário.

O segurado terá uma renda determinada pelo acúmulo das contribuições que verteu e gerou mais o sucesso dos investimentos.

A implantação de um regime de previdência fechada, seja particular ou estatal, subordinada ao direito privado, deve ser sopesada com cuidado pelos instituidores; naturalmente, em pouco tempo haverá um sugestivo montante de recursos financeiros ou econômicos acumulado, que chamará a atenção do ente político, principalmente no caso de prefeituras municipais sem capitais para outros programas governamentais.

Os membros do Conselho Deliberativo devem ficar atentos para evitar que esses recursos, a qualquer título, sejam desviados de suas nobres funções previdenciárias.

Contribuição definida

Em plano de contribuição definida, o participante e o patrocinador vertem contribuições mensais, contabilizadas em contas individuais, valores coletivamente aplicados em investimentos, como se fosse um FGTS.

Quando chegar o momento da aposentação, o gestor avaliará o *quantum* acumulado ao longo do tempo e a partir desse montante estimará uma renda mensal vitalícia (podendo ser também programada, caso assim determine o Regulamento Básico da entidade).

Prestações de riscos não programados

Inovando em relação à legislação pretérita e defluindo da disciplina do regime financeiro previsto para as prestações programadas, diz o § 10 do art. 201:

> "Lei Complementar de iniciativa de Poder Executivo federal poderá disciplinar a cobertura de benefícios de riscos não programados, inclusive os de acidente do trabalho, a ser atendida concorrentemente pelo Regime Geral de Previdência Social e pelo setor privado."

Desde a Lei Eloy Marcondes de Miranda Chaves (Decreto Legislativo n. 4.682/1923), o RGPS cuidou do que se convencionou chamar de prestações não programadas, imprevisíveis ou de risco, sem que delas até então expressamente cuidasse a Lei Maior. Embora quase desnecessário, mas sistematizando o sistema jurídico, agora contemplou a hipótese na Carta Magna.

O preceito cuida da previsão da legislação pertinente a benefícios que despertam mais atenção na proteção social: os imprevisíveis. Por sinal, não podem ser extintos por via de legislação ordinária.

Tais prestações são insitamente previdenciárias, com viés de seguro social, desde sua criação mundial (1883), em face das programadas que têm viés de aplicações financeiras. Elas são pessoais do segurados e dos seus dependentes.

As do segurado são o auxílio-doença, incapacidade temporária e permanente, auxílio-acidente e serviços sociais. Não houve menção ao benefício parental. A pensão por morte e o auxílio-reclusão, dos dependentes, quase todos referidos no texto da Carta Magna.

Particularizando, incluiu as prestações acidentárias por incapacidade.

Certamente o regime financeiro adotado será benefício definido, ou seja, de antemão o segurado e o seu dependente saberão quanto receberão no caso de incapacidade comum ou ocupacional e morte.

Administrativamente, quem providenciará a concessão dessas prestações será o fundo de pensão e, inovando, fica autorizado transferir essa responsabilidade à iniciativa privada, que não é uma experiência nova, já adotada na previdência complementar associativa.

O segurado requererá o benefício, será submetido à perícia médica e, comprovado o pressuposto legal, o terá deferido.

Previdência aberta

Entre outros aspectos, é bom ressaltar que o sistema de previdência aberta é naturalmente lucrativo e, *ipso facto*, poderá diminuir os capitais acumulados por comparação com a previdência fechada.

Inscrição obrigatória

Tendo em vista o debate científico havido na doutrina em relação à inscrição obrigatória, o emendador perdeu ótima oportunidade de se manifestar expressamente contra ou a favor.

27. COOTIZAÇÃO DE BENEFICIÁRIOS

> Art. 40.
>
> (...)
>
> "§ 18. Incidirá contribuição sobre os proventos de aposentadorias e pensões concedidas pelo regime de que trata este artigo que superem o limite máximo estabelecido para os benefícios do regime geral de previdência social de que trata o art. 201, com percentual igual ao estabelecido para os servidores titulares de cargos efetivos". (Revogado)

Tendo em vista o que dispõe o *caput* do art. 40, o seu § 18 perdeu razão de ser normativa. Ou seja, aposentados e pensionistas do serviço público têm de contribuir, sabendo-se que o mesmo não acontece na iniciativa privada (*sic*).

O elaborador original do dispositivo e o emendador de 2019 repetem *ad nauseam* um equívoco histórico, institucional e matematicamente sem qualquer lógica.

É consabido que as exações estatais não gozam da simpatia da população, a despeito de sua imprescindibilidade absoluta. Os cidadãos não aprovam taxações excessivas, mais ainda quando têm dúvida quanto ao seu retorno.

Depois de ter contribuído para a percepção de uma prestação previdenciária não tem sentido alguém continuar aportando. Aposentado, consumado o sinistro deflagrador da jubilação, não é mais segurado, não tem de pagar, vez que individualmente o montante a ele não se presta para melhorar nada as mensalidades mantidas do seu benefício.

Se o elaborador da norma concebe 100% de algum valor prescrito na lei como renda mensal e, em seguida, deduz 11% e, destarte, o interessado recebe 89%, sofrendo uma retenção psicologicamente desconfortável, seria preferível que, *ab initio*, essa renda mensal seja definida como sendo de 89%.

Não melhora a compreensão dessa indigitada exigência fiscal que tal preceito se aplica tão somente para os que têm proventos acima do teto do RGPS.

28. ABONO DE PERMANÊNCIA

Art. 40.

(...)

"§ 19. Observados critérios a serem estabelecidos em lei do respectivo ente federativo, o servidor titular de cargo efetivo que tenha completado as exigências para a aposentadoria voluntária e que optar por permanecer em atividade poderá fazer jus a um abono de permanência equivalente, no máximo, ao valor de sua contribuição previdenciária, até completar a idade para aposentadoria compulsória."

O texto anterior da Carta Magna criou uma figura curiosa no Direito Previdenciário, possivelmente inspirada (sem identidade com ela) no abono de permanência em serviço do RGPS: o servidor isenta-se da contribuição mensal quando atender os pressupostos da aposentadoria.

Rigorosamente, o título desse instituto técnico deveria ser dispensa de contribuição, mas ficou conhecido como abono de permanência, sendo possível que, então, tenham pensado em um bônus...

Os mencionados critérios só podem dizer respeito a aspectos administrativos internos da mecânica da concessão e da manutenção desse direito previdenciário, com pedido de iniciativa do interessado, instrução completa do requerimento com a verificação dos pressupostos legais, decisão da concessão de deferimento, publicação no DOU etc. Em ato sujeito à homologação final dos tribunais de contas.

Esse instituto tem o propósito de manter o servidor em serviço em um estímulo para não requerer a aposentação. Todavia, do ponto de vista prático, não deixa de ser um contrassenso: prestando serviços, o servidor não contribui, mas aposentado, ele contribui.

O benefício contemplado referido na norma é aposentadoria programada voluntária disciplinada no inciso III do § 1º. Não há previsão para aposentadoria da pessoa com deficiência, atividade de risco da aposentadoria especial e outras prestações.

A dispensa fiscal não é compulsória; supõe-se que a expressão "poderá fazer jus" diga respeito à iniciativa do servidor e não ao direito em si mesmo. Preenchidos os requisitos legais, subsiste um direito subjetivo e a administração não poderia deixar de atender o pedido.

Várias razões levam o servidor a permanecer no cargo:

    a) manutenção do *status* profissional;

    b) não saber vivenciar a inatividade;

    c) esperar uma promoção; e

    d) incorporar gratificação.

Uma limitação "no máximo" dá a entender que o ente federativo poderia dispensar um percentual menor da contribuição.

A aposentadoria compulsória aludida é a prevista no art. 40; crê-se que, por equívoco ou qualquer outro motivo, o órgão público não praticou a compulsoriedade; de todo modo, a dispensa deve desaparecer assim que o servidor completar os 75 anos.

Na condição de direito subjetivo a ser exercido pelo interessado, caso ele requeira essa pretensão fiscal, a data do início da desobrigação se contará do seu pedido.

29. UNICIDADE DOS REGIMES

Art. 40.

(...)

"§ 20. É vedada a existência de mais de um regime próprio de previdência social e de mais de um órgão ou entidade gestora desse regime em cada ente federativo, abrangidos todos os poderes, os órgãos e as entidades autárquicas e fundacionais, que serão responsáveis pelo seu financiamento, observados os critérios, os parâmetros e a natureza jurídica definidos na lei complementar que trata o art. 22."

O texto acima, em razão de sua imperativa redação, revela a preocupação do emendador de não subsistir mais de um RPPS em cada ente federativo da República, envolvido com o servidor estatutário.

Entrementes, isso não obsta que parte dos servidores busque outro tipo de proteção social.

Cada ente federativo criará um único órgão ou entidade responsável pela previdência social dos seus servidores. Um para cada poder da República (Executivo, Legislativo e Judiciário).

Tudo isso submetido à disciplina fixada pelo art. 22.

Foi uma pena que, para tornar a disposição mais clara, não se referiu a um Regime Próprio básico, uma vez que nada impede que haja um regime privado supletivo nem um seguro privado ou outras modalidades protetivas particulares.

Parece que a ideia é evitar a implantação de sistemas previdenciários para diferentes categorias de servidores, sabendo-se que, por exemplo, no Poder Executivo subsiste uma infinidade de cargos, funções e ocupações e, de certa forma, em menor escala no Poder Legislativo e Judiciário.

30. APORTE SOBRE O DOBRO DO TETO

Art. 40.

(...)

"§ 21. A contribuição prevista no § 18 deste artigo incidirá apenas sobre as parcelas de proventos de aposentadoria e de pensão que superem o dobro do limite máximo estabelecido para os benefícios do regime geral de previdência social de que trata o art. 201 desta Constituição, quando o beneficiário, na forma da lei, for portador de doença incapacitante."
(Revogado)

Tendo em vista a criação da previdência privada (§§ 14 *usque* 16) dos servidores, o § 18 original perdeu razão de ser e por isso foi revogado.

Se prevalecesse esse dispositivo, para os portadores de doenças incapacitantes, somente os proventos e o valor da pensão por morte acima de 2 x R$ 6.101,06 = R$ 12.202,12 e que estariam sujeitos à taxação previdenciária.

31. NORMAS GERAIS DOS REGIMES PRÓPRIOS

Art. 40.

(...)

"§ 22. Vedada a instituição de novos regimes próprios de previdência social, lei complementar federal estabelecerá, para os que já existam, normas gerais de organização, de funcionamento e de responsabilidade em sua gestão, dispondo, entre outros aspectos, sobre:

I — requisitos para sua extinção e consequente migração para o Regime Geral de Previdência Social;

II — modelo de arrecadação, de aplicação e de utilização dos recursos;

III — fiscalização pela União e controle externo e social;

IV — definição de equilíbrio financeiro e atuarial;

V — condições para instituição do fundo com finalidade previdenciária de que trata o art. 249 e para vinculação a ele dos recursos provenientes de contribuições dos bens, direitos e ativos de qualquer natureza;

VI — mecanismos de equacionamento do déficit atuarial;

VII — estruturação do órgão ou entidade gestora do regime, observados os princípios relacionados com governança, controle interno e transparência;

VIII — condições e hipóteses para responsabilização daqueles que desempenhem atribuições relacionadas, direta ou indiretamente, com a gestão do regime;

IX — condições para adesão a consórcio público;

X — parâmetros para apuração da base de cálculo e definição de alíquota de contribuições ordinárias e extraordinárias."

Extinção do RPPS

Da mesma forma que, por ocasião de sua implantação, a extinção de um RPPS — inconfundível com o fim de um plano de benefícios possível no atual ordenamento da previdência privada — é uma atividade complexa que reclama muita reflexão, estudo jurídico e atenção.

As causas podem variar e a principal delas é a retirada ou deteriorização do patrocinador (I), seguindo-se o falecimento do último beneficiário (II), transposição para outro regime (III), transferência dos participantes para outro ente federativo (IV) etc.

Diz o art. 10 da Lei n. 9.717/98:

"No caso de extinção de regime próprio de previdência social, a União, o Estado, o Distrito Federal e os Municípios assumirão integralmente a responsabilidade pelo pagamento dos benefícios concedidos durante a sua vigência, bem como daqueles benefícios cujos requisitos necessários a sua concessão foram implementados anteriormente à extinção do regime próprio de previdência social."

Segundo art. 4º da ON SPS n. 2/09, isso acontece quando o RPPS deixou de assegurar os benefícios da aposentadoria e pensão por morte a todos os servidores titulares de cargo efetivo.

Os motivos seriam três:

I — terem sido vinculados, por meio de lei, os servidores titulares de cargo efetivo ao RGPS;

II — ter sido revogada a lei ou os dispositivos da lei que assegurava a concessão dos benefícios de aposentadoria ou pensão por morte aos servidores estatutários;

III — ter adotado, em cumprimento à redação original do art. 39, *caput* da Constituição Federal de 1988, o regime da CLT como regime jurídico único de trabalho para seus servidores, até 4 de junho de 1998, e garantido, em lei, a concessão de aposentadoria aos ativos amparados pelo regime em extinção e de pensão a seus dependentes (*Servidor Público: transposição*. São Paulo: LTr, 2017. p. 157).

Migração de massa

Chama-se de migração a transferência coletiva de participantes de um plano de benefícios para outro. Se deriva da extinção do RPPS, é preciso pensar na portabilidade individual dos capitais acumulados (*Retirada de Patrocinadora*. São Paulo: LTr, 2007, p. 52/53).

Modelo de arrecadação

Por modelo de arrecadação se presume a existência de um empreendimento organizado administrativamente para tornar possível ao participante recolher as contribuições devidas.

Diz respeito à retenção dos valores na folha de pagamento, o que é bastante tradicional em relação à quitação do vencimento do servidor por parte do ente federativo.

Utilização dos recursos

Os recursos amealhados por um RPPS, em linhas gerais, são normalmente destinados, pelo menos, a cinco finalidades:

a) desembolsar as mensalidades para cumprimento das prestações devidas;

b) custear as despesas administrativas;

c) constituir reservas técnicas;

d) aplicar em investimentos; e

e) provisão para ações judiciárias.

Fiscalização pela União

Nos moldes de PREVIC, regulamentar a inspeção operada pela União.

A Lei n. 9.717/98 estipula alguns procedimentos:

O inciso III do art. 22 não fala em intervenção, mas ela faz parte.

Diz o lembrado art. 9º:

"Compete à União, por intermédio da Secretaria Especial de Previdência e Trabalho do Ministério da Economia, em relação aos regimes próprios de previdência social e aos seus fundos previdenciários: (Redação da Lei n. 13.846/19).

I — a orientação, a supervisão, a fiscalização e o acompanhamento;

II — o estabelecimento e a publicação de parâmetros, diretrizes e critérios de responsabilidade previdenciária na sua instituição, organização e funcionamento, relativos a custeio, benefícios, atuária, contabilidade, aplicação e utilização de recursos e constituição e manutenção dos fundos previdenciários, para preservação do caráter contributivo e solidário e do equilíbrio financeiro e atuarial;

III — a apuração de infrações, por servidor credenciado, e a aplicação de penalidades, por órgão próprio, nos casos previstos no art. 8º desta Lei;

IV — a emissão do Certificado de Regularidade Previdenciária (CRP), que atestará, para os fins do disposto no art. 7º desta Lei, o cumprimento, pelos Estados, Distrito Federal e Municípios, dos critérios e exigências aplicáveis aos regimes próprios de previdência social e aos seus fundos previdenciários.

Parágrafo único. A União, os Estados, o Distrito Federal e os Municípios encaminharão à Secretaria Especial de Previdência e Trabalho do Ministério da Economia, na forma, na periodicidade e nos critérios por ela definidos, dados e informações sobre o regime próprio de previdência social e seus segurados."

Controle interno e externo

O RPPS deve prover acompanhamentos internos, setores próprios de monitoramento, e externos, caso de auditoria técnica e fiscal.

Equilíbrio financeiro e atuarial

Desde o dealbar da previdência social, a imprescindível relação matemático-financeira entre o volume das contribuições e o nível dos benefícios pagos forçou o surgimento de uma técnica superior que a comanda, nas esferas científica e jurídica, disciplinada com texto genérico na Carta Magna.

Aprofundada pela doutrina e jurisprudência, gera polêmica e, no mais dos casos, enquanto não aperfeiçoada, prestar-se-á como bandeira sob a qual podem furtar-se situações cômodas ou outros objetivos.

Se invocada com presteza pelo político, administrador ou parlamentar, para justificar isto ou aquilo, máxime em uma instituição em permanente transformação, não foi concebido com essa intenção fluída e precisa ser resgatada e levada ao seu verdadeiro leito, o *animus legislatoris*.

O desequilíbrio econômico do RPPS compromete sua execução, daí a necessidade de ser plantada providência basilar que obstaculize ou dificulte medidas inadequadas e até vede soluções incongruentes, como a criação de benefícios sem fonte própria de custeio ou a extensão de tributos sem prévia destinação. Por isso, a ser perquirido em consonância com a ideia da precedência do custeio e outras políticas conducentes à ordenação sistêmica do edifício previdenciário.

Inovando em face da regulação anterior, alterando o texto de 5.10.88, com a redação dada pela EC n. 20/98, diz o *caput* do art. 201 da Constituição Federal:

"A previdência social será organizada sob a forma de regime geral, de caráter contributivo e de filiação obrigatória, observados critérios que preservem o *equilíbrio financeiro e atuarial*, e atenderá, nos termos da lei." (grifos nossos)

Fundo previdenciário

O RPPS há de constituir um fundo de reservas para a cobertura de emergências.

Reza o art. 6º da Lei n. 9.717/98:

"Fica facultada à União, aos Estados, ao Distrito Federal e aos Municípios, a constituição de fundos integrados de bens, direitos e ativos, com finalidade previdenciária, desde que observados os critérios de que trata o artigo 1º e, adicionalmente, os seguintes preceitos:

II — existência de conta do fundo distinta da conta do Tesouro da unidade federativa;

IV — aplicação de recursos, conforme estabelecido pelo Conselho Monetário Nacional;

V — vedação da utilização de recursos do fundo de bens, direitos e ativos para empréstimos de qualquer natureza, inclusive à União, aos Estados, ao Distrito Federal e aos Municípios, a entidades da administração indireta e aos respectivos segurados;

VI — vedação à aplicação de recursos em títulos públicos, com exceção de títulos do Governo Federal;

VII — avaliação de bens, direitos e ativos de qualquer natureza integrados ao fundo, em conformidade com a Lei n. 4.320, de 17 de março de 1964 e alterações subsequentes;

VIII — estabelecimento de limites para a taxa de administração, conforme parâmetros gerais;

IX — constituição e extinção do fundo mediante lei.

Parágrafo único. No estabelecimento das condições e dos limites para aplicação dos recursos dos regimes próprios de previdência social, na forma do inciso IV do *caput* deste artigo, o Conselho Monetário Nacional deverá considerar, entre outros requisitos: (Incluído pela Lei n. 13.846/19).

I — a natureza pública das unidades gestoras desses regimes e dos recursos aplicados, exigindo a observância dos princípios de segurança, proteção e prudência financeira;

II — a necessidade de exigência, em relação às instituições públicas ou privadas que administram, direta ou indiretamente por meio de fundos de investimento, os recursos desses regimes, da observância de critérios relacionados a boa qualidade de gestão, ambiente de controle interno, histórico e experiência de atuação, solidez patrimonial, volume de recursos sob administração e outros destinados à mitigação de riscos."

Equacionamento do déficit

Quando da presença de déficit por algum tempo é preciso pensar no seu equacionamento, como previsto na LC n. 109/01, vale dizer, aumentar a contribuição ou diminuir os benefícios.

Estrutura da governança

À evidência, a gestão deve ser estruturada segundo os padrões da melhor governança e os princípios da *compliance*.

Abrindo as disposições pontua o art. 1º da Lei n. 9.717/98:

"Os regimes próprios de previdência social dos servidores públicos da União, dos Estados, do Distrito Federal e dos Municípios, dos militares dos Estados e do Distrito Federal deverão ser organizados, baseados em normas gerais de contabilidade e atuária, de modo a garantir o seu equilíbrio financeiro e atuarial, observados os seguintes critérios:

I — realização de avaliação atuarial inicial e em cada balanço utilizando-se parâmetros gerais, para a organização e revisão do plano de custeio e benefícios; (Redação dada pela Medida Provisória n. 2.187-13/01).

II — financiamento mediante recursos provenientes da União, dos Estados, do Distrito Federal e dos Municípios e das contribuições do pessoal civil e militar, ativo, inativo e dos pensionistas, para os seus respectivos regimes;

III — as contribuições e os recursos vinculados ao Fundo Previdenciário da União, dos Estados, do Distrito Federal e dos Municípios e as contribuições do pessoal civil e militar, ativo, inativo, e dos pensionistas, somente poderão ser utilizadas para pagamento de benefícios previdenciários dos respectivos regimes, ressalvadas as despesas administrativas estabelecidas no art. 6º, inciso VIII, desta Lei, observado os limites de gastos estabelecidos em parâmetros gerais; (Redação da Medida Provisória n. 2.187-13/01).

IV — cobertura de um número mínimo de segurados, de modo que os regimes possam garantir diretamente a totalidade dos riscos cobertos no plano de benefícios, preservando o equilíbrio atuarial sem necessidade de resseguro, conforme parâmetros gerais;

V — cobertura exclusiva a servidores públicos titulares de cargos efetivos e a militares, e a seus respectivos dependentes, de cada ente estatal, vedado o pagamento de benefícios, mediante convênios ou consórcios entre Estados, entre Estados e Municípios e entre Municípios;

VI — pleno acesso dos segurados às informações relativas à gestão do regime e participação de representantes dos servidores públicos e dos militares, ativos e inativos, nos colegiados e instâncias de decisão em que os seus interesses sejam objeto de discussão e deliberação;

VII — registro contábil individualizado das contribuições de cada servidor e dos entes estatais, conforme diretrizes gerais;

VIII — identificação e consolidação em demonstrativos financeiros e orçamentários de todas as despesas fixas e variáveis com pessoal inativo civil, militar e pensionistas, bem como dos encargos incidentes sobre os proventos e pensões pagos;

IX — sujeição às inspeções e auditorias de natureza atuarial, contábil, financeira, orçamentária e patrimonial dos órgãos de controle interno e externo.

X — vedação de inclusão nos benefícios, para efeito de percepção destes, de parcelas remuneratórias pagas em decorrência de local de trabalho, de função de confiança ou de cargo em comissão, exceto quando tais parcelas integrarem a remuneração de contribuição do servidor que se aposentar com fundamento no art. 40 da Constituição Federal, respeitado, em qualquer hipótese, o limite previsto no § 2º do citado artigo; (Redação da Lei n. 10.887/04)

XI — vedação de inclusão nos benefícios, para efeito de percepção destes, do abono de permanência de que tratam o § 19 do art. 40 da Constituição Federal, o § 5º do art. 2º e o § 1º do art. 3º da Emenda Constitucional n. 41, de 19 de dezembro de 2003. (Redação da Lei n. 10.887/04).

§ 1º Aplicam-se adicionalmente aos regimes próprios de previdência social as disposições estabelecidas no art. 6º desta Lei relativas aos fundos com finalidade previdenciária por eles instituídos.

§ 2º Os regimes próprios de previdência social da União, dos Estados, do Distrito Federal e dos Municípios operacionalizarão a compensação financeira a que se referem o § 9º do art. 201 da Constituição Federal e a Lei n. 9.796, de 5 de maio de 1999, entre si e com o regime geral de previdência social, sob pena de incidirem nas sanções de que trata o art. 7º desta Lei. (Incluído pela Lei n. 13.846/19)"

Responsabilidade dos gestores

Deve haver previsão de apuração de responsabilidades administrativas, procedimentos de apuração e coibição dos atos ilícitos.

Sobre o tema dita o art. 8º da Lei n. 9.717/98:

"Os responsáveis pelos poderes, órgãos ou entidades do ente estatal, os dirigentes da unidade gestora do respectivo regime próprio de previdência social e os membros dos seus conselhos e comitês respondem diretamente por infração ao disposto nesta Lei, sujeitando-se, no que couber, ao regime disciplinar estabelecido na Lei Complementar n. 109, de 29 de maio de 2001, e seu regulamento, e conforme diretrizes gerais. (Redação da Lei n. 13.846/19).

§ 1º As infrações serão apuradas mediante processo administrativo que tenha por base o auto, a representação ou a denúncia positiva dos fatos irregulares, assegurados ao acusado o contraditório e a ampla defesa, em conformidade com diretrizes gerais. (Renumeração do parágrafo único pela Lei n. 13.846/19).

§ 2º São também responsáveis quaisquer profissionais que prestem serviços técnicos ao ente estatal e respectivo regime próprio de previdência social, diretamente ou por intermédio de pessoa jurídica contratada. (Incluído pela Lei n. 13.846/19).

Art. 8º-A. Os dirigentes do ente federativo instituidor do regime próprio de previdência social e da unidade gestora do regime e os demais responsáveis pelas ações de investimento e aplicação dos recursos previdenciários, inclusive os consultores, os distribuidores, a instituição financeira administradora da carteira, o fundo de investimentos que tenha recebido os recursos e seus gestores e administradores serão solidariamente responsáveis, na medida de sua participação, pelo ressarcimento dos prejuízos decorrentes de aplicação em desacordo com a legislação vigente a que tiverem dado causa. (Incluído pela Lei n. 13.846/19)

Art. 8º-B. Os dirigentes da unidade gestora do regime próprio de previdência social deverão atender aos seguintes requisitos mínimos: (Incluído pela Lei n. 13.846/19).

I — não ter sofrido condenação criminal ou incidido em alguma das demais situações de inelegibilidade previstas no inciso I do *caput* do art. 1º da Lei Complementar n. 64, de 18 de maio de 1990, observados os critérios e prazos previstos na referida Lei Complementar; (Incluído pela Lei n. 13.846/19).

II — possuir certificação e habilitação comprovadas, nos termos definidos em parâmetros gerais; (Incluído pela Lei n. 13.846/19).

III — possuir comprovada experiência no exercício de atividade nas áreas financeira, administrativa, contábil, jurídica, de fiscalização, atuarial ou de auditoria; (Incluído pela Lei n. 13.846/19)

IV — ter formação superior. (Incluído pela Lei n. 13.846/19).

Parágrafo único. Os requisitos a que se referem os incisos I e II do *caput* deste artigo aplicam-se aos membros dos conselhos deliberativo e fiscal e do comitê de investimentos da unidade gestora do regime próprio de previdência social. (Incluído pela Lei n. 13.846/19)"

Adesão a consórcios públicos

A entidade deve estabelecer convênios e firmar acordos com organizações que possam otimizar a sua realização.

Base de cálculo e alíquota da contribuição

É imprescindível que reste perfeitamente transparente a base de cálculo das contribuições, especificando com minúcias o conceito de vencimentos tributáveis sob o prisma de salário de contribuição.

Nesse particular, a fixação de uma alíquota matemática adequada ao equilíbrio financeiro do plano de benefícios.

Conforme o art. 3º da Lei n. 9.717/98:

"As alíquotas de contribuição dos servidores ativos dos Estados, do Distrito Federal e dos Municípios para os respectivos regimes próprios de previdência social não serão inferiores às dos servidores titulares de cargos efetivos da União, devendo ainda ser observadas, no caso das contribuições sobre os proventos dos inativos e sobre as pensões, as mesmas alíquotas aplicadas às remunerações dos servidores em atividade do respectivo ente estatal. (Redação da Lei n. 10.887/04)"

32. COMPETÊNCIA DA JUSTIÇA ESTADUAL

Art. 109.

(...)

"§ 3º Lei poderá autorizar que as causas de competência da Justiça Federal em que forem parte instituição de previdência social e segurado possam ser processadas e julgadas na justiça estadual quando a comarca do domicílio do segurado não for sede de vara federal."

Numa provável única disposição sobre Direito Processual Civil, este preceito dispõe sobre a competência excepcional da Justiça Estadual em matéria de ações de previdência social em que, por exemplo, o INSS e o segurado (leia-se beneficiário) sejam partes litigantes. Provavelmente, divergências a propósito do BPC da Lei n. 8.742/93.

Um texto que comete alguns cochilos vernaculares, mas a interpretação resolverá com tranquilidade. Causas é um vocábulo amplo, provavelmente significa toda pendência referente à seguridade social, vez que menciona instituição de previdência social (uma delas, o INSS).

Diz respeito a servidores e trabalhadores da iniciativa privada e despicienda pertinente aos obreiros estaduais, distritais e municipais, vez que a competência desses processos já é da Justiça Estadual.

Em princípio, devido sua generalidade e precária dicção, a redação poderia abranger as prestações não necessariamente previdenciárias ou não estatais, caso fossem geridas pela Previdência Social. Rigorosamente, numa leitura rápida, até mesmo questões como o dano moral, no âmbito civil.

Objetivando pôr fim a inúteis discussões bizantinas, deveria alcançar a previdência social privada.

A recente Lei n. 13.786/19, na qual aparentemente o emendador se louvou, inclui tão somente "benefícios de natureza pecuniária", possivelmente por descuido e, destarte, arredaria muitíssimas outras distonias previdenciárias.

Resta claro que ela será recepcionada pela EC n. 103/19.

Diz respeito ao domicílio do segurado (sic) situado mais de 70 km da sede da Vara Federal. Presume-se que se for menor a distância, terá de bater às portas da Justiça Federal.

A Resolução CJE n. 602, de 11.11.2019, estabeleceu os critérios para publicação da lista das comarcas estaduais com competência federal delegada.

Segundo o seu art. 5º, sua vigência é de 1º.1.2020.

Tal fato está esclarecido na Provocação AJUFE que trata da "Regulamentação do art. 3º da Lei n. 13.876/19, exercício da competência delegada" (*in* Proc. n. 0006509.11.2018.4.90.8000).

Interessa observar quanto às distâncias que 80% dos processos judiciais do INSS são virtuais, podendo ser ajuizados de qualquer lugar do Brasil, sem a necessidade de deslocamento, segundo informações prestadas pela Secretaria de Previdência do ME.

Marco Aurélio Serau Junior e Alberto Bastos, em 18.10.2019, discorreram com eficácia sobre o tema e os aspectos sociais das diferenças entre os beneficiários e a autarquia federal, ou seja, partes sociologicamente desiguais ("Lei n. 13.876/19: Alterações na Competência Delegada em Matéria Previdenciária", *Revista Síntese Previdenciária*, v. 93, São Paulo: Síntese, p. 9-18, 2019).

Fernando da Fonseca Gajardoni suscita três observações:

"Primeiro, a definição de quais Comarcas da Justiça Estadual se enquadram no critério de distância retro referido caberá ao respectivo TRF, através de normativa própria. A normativa é para indicar quais as Comarcas da Justiça Estadual ainda suportam a competência material delegada, e não as que não mais a têm. Portanto, o fim da delegação nas Comarcas que distam até 70 km de unidades da Justiça Federal não fica dependente da normativa dos TRFs, sendo automática.

Segundo — diante da lacuna legislativa —, entende-se que os 70 (setenta) quilômetros referidos no texto são contados em quilometragem rodoviária da sede da Comarca, onde é domiciliado o jurisdicionado (pouco importando a cidade onde vive) até a sede da Justiça Federal que receberá doravante os feitos, considerando as vias (pavimentadas ou não) de acesso (e não em linha reta)."

O raciocínio parece muito mais crível do ponto de vista da facilitação do acesso à Justiça (embora aumente o número de comarcas da Justiça Estadual que manterão a competência delegada), pois não faz sentido que a consideração tome por critério a linha reta, visto que o jurisdicionado não tem como transitar por propriedades privadas e áreas inacessíveis por veículos para buscar a Justiça Federal; além do que 70 km em linha reta pode representar, por estradas transitáveis, centenas de quilômetros, o que não parece ter sido o intento do legislador ao preservar, com mitigação, a competência delegada em matéria previdenciária.

Terceiro, embora o novel art. 15, III, da Lei n. 5.010/66 não faça a distinção, por questão de organização judiciária, a delegação deve considerar as áreas territoriais dos respectivos TRFs, inclusive em vista de § 2º do dispositivo citado confiar aos próprios Tribunais a organização dela. Consequentemente, à luz do art. 109, § 2º, da CF, o jurisdicionado não pode ajuizar ação na Justiça Federal de outro Estado não abrangido pela competência territorial do TRF com competência sobre seu domicílio. Ainda que haja vara federal em até 70 km dali (porém, na área de outro TRF)!

Exemplificativamente, considere que segurado more em pequena cidade do interior do Estado de Minas Gerais (Ibiraci/MG), na divisa com o Estado de São Paulo. Sobre o Estado de MG tem competência territorial juízes federais vinculados ao TRF1, enquanto sobre o Estado de SP juízes federais vinculados ao TRF3. Caso não haja dentro do TRF1 unidade da Justiça Federal em distância de até 70 km do domicílio do segurado, ele poderá ajuizar ação previdenciária/assistencial na Justiça Federal que alcança o território de seu domicílio (São Sebastião do Paraíso/MG), bem como na Justiça Estadual do seu domicílio, na forma do art. 109, § 3º, da CF e art. 15, III, da Lei n. 5.010/66 (Justiça Estadual de Ibiraci — TJMG). Contudo, em vista da organização judiciária da Justiça Federal (art. 110 da CF) e do art. 15, § 2º, da Lei n. 5.010/66 (que dá aos TRFs a prerrogativa de organizar da delegação de competência), não lhe será lícito cruzar a fronteira estadual para demandar perante unidade da Justiça Federal que fica no Estado de SP, sob os auspícios do TRF3, mesmo se houver vara federal a menos de 70 km de seu domicílio (como é o caso das Varas Federais de Franca/SP)." ("A mitigação da competência federal delegada em matéria de previdência pela EC n. 103/2019 (Reforma da Previdência)", *Migalhas* de 8.12.19).

TOMO III – CUSTEIO DO SERVIDOR

33. FINANCIAMENTO DO REGIME PRÓPRIO

Art. 149.

(...)

"§ 1º A União, os Estados, o Distrito Federal e os Municípios instituirão, por meio de lei, contribuições para custeio do regime próprio de previdência social, cobradas dos servidores ativos, dos aposentados e dos pensionistas, que poderão ter alíquotas progressivas e de acordo com o valor da base de contribuição ou dos proventos de aposentadoria e de pensões."

A despeito de, neste momento, não ter mencionado que o ente federado também terá de aportar recursos patronais (*caput* do art. 4º), o estipulado é bastante claro ao fixar o custeio da previdência social por parte dos servidores. Pena que se esqueceu de outros possíveis benefícios.

Diante das despesas administrativas, resta solar que se trata do financiamento do RPPS e não apenas das prestações.

O veículo normativo indicado é lei ordinária, sem embargo de dever ser lei complementar.

As contribuições, bastante assemelhadas às do trabalhador da iniciativa privada, serão mensalmente deduzidas dos vencimentos dos segurados.

Deverá viger a presunção da retenção e do recolhimento, como sucede no art. 33, § 5º, do PCSS.

Uma norma deverá dispor sobre o prazo de decadência e prescrição da contribuição.

Quem pagará serão os estatutários, inclusive no período de estágio probatório de três anos. O texto não desce ao pormenor de saber da obrigação de contribuir durante a percepção de prestação por incapacidade temporária ou permanente. Nenhuma distinção quanto aos servidores em disponibilidade ou requisitados.

Serão fixadas alíquotas estabelecidas pelo atuário assistente em razão da tábua de mortalidade e crescimento da expectativa de vida.

A base matemática e de conteúdo da contribuição é matéria complexa que sempre gerou e até hoje gera polêmica no RGPS, sobressaindo a necessidade de ficar muito bem aclarada a redação relativa a esse valor.

Julga-se que um primeiro passo é partir da ideia de vencimentos, mas convido deixar evidente quais são as parcelas remuneratórias que compõem esse conceito técnico, na medida em que os diferentes Estados e Municípios, cada um deles, têm a sua própria concepção.

Não consignando verbas que não são responsáveis pela subsistência do servidor, sendo que o STF entendeu que faz parte do dos proventos aquele valor que constou do salário de contribuição do servidor.

34. CONTRIBUIÇÃO PARA COBRIR DÉFICIT

"§ 1º-A. Quando houver déficit atuarial, a contribuição ordinária dos aposentados e pensionistas poderá incidir sobre o valor dos proventos da aposentadoria e de pensões que superem o salário mínimo."

Ab initio convém avultar o significado de déficit e, logo depois, o significado de déficit atuarial, vez que é o pressuposto legal da incidência de uma contribuição prevista no preceito.

Em termos de financiamento, déficit é a falta de recursos de variada ordem para dar cobertura às prestações previdenciárias.

Por seu turno, déficit financeiro se refere à insuficiência de reservas matemáticas para atender o compromissado com os segurados.

Diferentemente, déficit atuarial tem a ver com a relação numérica e demográfica entre os contribuintes e os beneficiários. Um plano pode ser equilibrado, superavitário ou deficitário, do ponto de atuarial quando a clientela protegida é de tal ordem que os recursos não são suficientes para cobrir as necessidades do plano de benefícios.

Muitas vezes um plano equilibrado se desequilibra quando é aplicada uma nova tábua de mortalidade que registra um crescimento da expectativa de vida dos beneficiários. Neste caso, a solução é diminuir os benefícios ou aumentar a cotização.

O preceito comentado assevera que presente esse último cenário será possível criar uma contribuição adicional à norma (chamada de ordinária).

Dá a falsa impressão que os beneficiários percipientes de benefícios não sejam obrigados a contribuir e que isso somente aconteceria com a presença de déficit atuarial.

117

35. CONTRIBUIÇÃO FEDERAL EXTRAORDINÁRIA

Art. 149.

(...)

"§ 1º-B. Demonstrada a insuficiência da medida prevista no § 1º-A para equacionar o déficit atuarial, é facultada a instituição de contribuição extraordinária, no âmbito da União, dos servidores públicos ativos, dos aposentados e dos pensionistas."

O § 1º-B contempla uma nova contribuição designada como extraordinária, em razão do que dispõe o § 1º-A anterior.

Na ausência de um "e" depois da palavra "extraordinária", tem-se que esta disposição diz respeito ao servidor federal e não aos demais servidores públicos do país.

Pelo visto não há previsão para a insuficiência registrada nos demais regimes públicos após a medida referida.

Chamada de extraordinária em virtude do comando anterior ser considerado ordinário, portanto, também extemporâneo.

Vale ressaltar que aqui, diferentemente, incluiu os servidores que estão na atividade funcional.

Na hipótese de, a despeito da contribuição ordinária anterior não ser capaz de reequilibrar o plano de benefícios, e, agora, em relação ao valor total dos vencimentos, impõe-se uma contribuição extraordinária.

Evidentemente, essas duas cotizações têm um termo, logo que for atingido o resultado alvitrado, que é o equilíbrio e não deve buscar um plano superavitário.

Vale consultar a LC n. 109/01, quando cuida do equilíbrio dos planos de previdência privada fechada.

Curiosamente, diante de tantas dificuldades, o emendador se esqueceu da dispensa de aporte caracterizador do abono de permanência.

36. EQUACIONAMENTO DA INSUFICIÊNCIA

Art. 149.

(...)

"§ 1º-C. A contribuição extraordinária de que trata o § 1º-B deverá ser instituída simultaneamente com outras medidas para equacionamento do déficit e vigorará por período determinado, contado da data de sua instituição."

Fica claro que a cobrança desse reforço de caixa terá vigência por prazo determinado, fixado na lei de sua criação.

Uma boa dúvida que resta no texto é a que diz respeito à dicção "com outras medidas", parecendo ser o mais importante no preceito.

Elas não são muitas, sendo viável até mesmo a aplicação do *compliance* administrativo.

Imagina-se que o emendador, que leu a LC n. 109/01, estava pensando na diminuição do valor dos benefícios presentes e futuros.

Esta dramática disposição reclama pressupostos objetivos, claros e insofismáveis, uma vez que genericamente nem sempre é bem compreendida pelos participantes.

Os atuários não gozam de simpatia dos interessados quando, correta, necessariamente e adequadamente, admitem a imperiosidade de uma tábua de mortalidade atualizada, devendo tal fato chegar ao amplo conhecimento do servidor comum.

Do mesmo modo não compreendem a informação dos insucessos no resultado imprevisível das aplicações financeiras.

Imporia que medida devesse constar do Regimento Básico para que ficasse clara a contratualidade da providência posterior.

37. RECURSOS FINANCEIROS DO REGIME PRÓPRIO

Art. 167.

§ 4º

"XII — Na forma estabelecida na lei complementar de que trata o § 22 do art. 40, a utilização de recursos de regime próprio de previdência social, incluídos os valores integrantes dos fundos previstos no art. 249, para realização de despesas distintas do pagamento dos benefícios previdenciários do respectivo fundo vinculado àquele regime e das despesas necessárias à sua organização e ao seu funcionamento;

XIII — A transferência voluntária de recursos, a concessão de avais, as garantias e as subvenções pela União e a concessão de empréstimos e de financiamentos por instituições financeiras federais aos Estados, ao Distrito Federal, aos Municípios, na hipótese de descumprimento das regras gerais de organização e de funcionamento de regime próprio de previdência social."

Sob o Capítulo II — Das Finanças Públicas, do Título VI — Da Tributação e do Orçamento, na Seção II — Dos Orçamentos, no art. 167, a Lei Maior, em sua redação original e alterada pelas EC ns. 19/98, 20/98 e 42/03, promovia 11 vedações, agora acrescidas dos incisos XII e XIII.

No inciso XII obsta-se a utilização indevida de recursos de regime próprio de previdência social, com realce incluído o fundo do art. 249 e outros mais.

No inciso XIII, a vedação cinge a transferência de recursos, avais, garantias, subvenções, empréstimos e financiamentos.

TOMO IV — CUSTEIO DO REGIME GERAL

38. VINCULAÇÃO DAS RECEITAS

Art. 194.

Parágrafo único.

(...)

"VI — diversidade da base de financiamento, identificando-se, em rubricas contábeis específicas para cada área, as receitas e as despesas vinculadas a ações de saúde, previdência e assistência social, preservado o caráter contributivo da previdência social."

Em seu *caput*, o art. 194 cuida Das Disposições Gerais do Capítulo II — Da Seguridade Social, parte integrante do Título VIII — Da Ordem Social.

O seu parágrafo único tem sete incisos. O VI cuida da variedade do financiamento, representando uma evolução em relação às exigências exacionais do início da previdência social (1923).

Quer dizer, diferentemente da história da previdência social, as fontes de custeio são variadas, complexas e contabilmente separadas, direcionando as receitas e as despesas para cada área específica da seguridade social.

Mais uma vez, o emendador avultou a contributividade do regime securitário, sustentando que a contribuição prévia é absolutamente imprescindível.

Essa diversidade de financiamento gera problemas exacionais, pois muitas vezes o legislador ordinário confunde o fato gerador e os sujeitos passivos, gerando incertezas, inquietudes e polêmicas que se arrastam ao longo do tempo.

Quer dizer, este dispositivo, bastante genérico, trata das fontes de custeio da seguridade social e não, necessariamente, apenas da previdência social. Ele ressalta o óbvio, a contributividade do sistema.

39. CONTRIBUIÇÃO DO TRABALHADOR

Art. 195.

(...)

"II — do trabalhador e dos demais segurados da previdência social, podendo ser adotadas alíquotas progressivas de acordo com o valor dos salários de contribuição, não incidindo contribuição sobre aposentadoria e pensão concedidas pelo Regime Geral de Previdência Social."

Quer se acreditar que aqui a expressão "trabalhador" significa empregados, avulsos e domésticos, segurados sujeitos a desconto, e "demais segurados" refere-se a uma infinidade de outros filiados ao Regime Geral.

Determinou não interativamente que as alíquotas serão progressivas, isto é, variando conforme o nível dos salários de contribuição, conforme tabela de valores, num arremedo de distributividade.

Destoando do Regime Próprio, consagrou a não incidência de contribuição dos aposentados e dos pensionistas, o que é uma tradição que põe em conflito aquela exigência dos servidores.

Enquanto mantido modelo atual da legislação, fazer constar este tema do texto constitucional foi um enorme equívoco do emendador; a contribuição previdenciária dos segurados e demais fontes de custeio costumam ser alteradas ao longo do tempo.

Não é assunto para a Carta Magna.

A disposição é bastante genérica, como deveria ser, e acabou por esquecer do auxílio-doença, do auxílio-reclusão e serviços sociais que, por analogia, ficam também sem contribuição (ainda que, em alguns casos, o tempo correspondente não possa ser chamado de tempo de contribuição, seja computado para diversos fins).

40. ALÍQUOTA DAS CONTRIBUIÇÕES

> Art. 195.
>
> (...)
>
> "§ 9º As contribuições sociais previstas no inciso I do *caput* deste artigo poderão ter alíquotas diferenciadas em razão da atividade econômica, da utilização intensiva de mão de obra, do porte da empresa ou da condição estrutural do mercado de trabalho, sendo também autorizada a adoção de bases de cálculo diferenciadas apenas no caso das alíneas "b" e "c" do inciso I do *caput*."

Tais contribuições são, como esclarecido, as "do empregador, da empresa e da entidade a ela equiparada na forma da lei...".

Portanto, o emendador abriu um leque de opções para o legislador ordinário dispor sobre a contribuição dos diversos empreendimentos mercantis, prática de longa data aplicada no Plano de Custeio (Lei n. 8.212/81).

As principais fontes de custeio positivadas no PCSS são:

a) 8%, 9% e 11% do empregado, doméstico e avulso (art. 20, *caput*);

b) 20% (art. 22, I);

c) 9% e 15% dos informais (art. 21, §§ 2º/3º);

d) 1%, 2%, 3% do SAT (art. 22, II, *a*, *b*, e *c*);

e) 20% dos contribuintes individuais (art. 22, III);

f) 20% do facultativo (art. 21);

h) 6% para aposentadoria especial (art. 22, II);

i) 15% da nota fiscal (art. 22, IV);

j) 22,5% das entidades bancárias (art. 22, § 1º);

k) 5% da associação desportiva (art. 22, § 6º);

l) 2,5% da agroindústria (art. 22-A);

m) trabalhador rural (art. 22-B);

n) faturamento e lucro (art. 23);

o) empregador doméstico (art. 24);

p) 2,1% do produtor rural e pescador (art. 25);

q) do concurso de prognósticos (art. 26);

r) outras receitas (art. 27).

Nas hipóteses de receita ou faturamento (I, *b*) ou lucro (I, *c*), são admitidas inovações nas bases de cálculo.

Não há menção a "outras receitas da Seguridade Social" (PCSS, art. 27, I/III) ou do seguro privado que cubra danos em veículos automotivos terrestres (parágrafo único).

41. MORATÓRIA, PARCELAMENTO, REMISSÃO E ANISTIA

Art. 195.

(...)

"§ 11. São vedados a moratória e o parcelamento em prazo superior a 60 (sessenta) meses e, na forma de lei complementar, a remissão e a anistia das contribuições sociais de que tratam a alínea "a" do inciso I e o inciso II do *caput*."

Este preceito institui o que, se assim quisesse, se poderia chamar de princípio da não renúncia fiscal.

Com exceção de um parcelamento tradicional de até 60 meses, não será acolhida a moratória e, segundo uma lei complementar disciplinadora, até mesmo a remissão e a anistia.

O texto parece indicar que para a moratória não há prazo.

Tem-se como instituto fiscal da moratória o atraso na quitação mensal de contribuições, o que é excepcionalmente autorizado quando de desastres ambientais e catástrofes naturais e outros motivos justificadores.

O emendador deixou para uma lei complementar disciplinar a remissão e a anistia, modalidades de perdão de dívidas, bastante praticada pela Previdência Social.

Experiências duvidosas, mas que sempre foram praticadas pelo administrador sob a alegação de que procede assim ou não arrecada nada.

Entende-se que os inexplicáveis acordos de parcelamentos de 240 meses (*sic*) para as prefeituras municipais em andamento serão preservados.

A norma sob enfoque não veda expressamente a possibilidade excepcional de reparcelamento, mais uma ajuda sem sentido num regime neocapitalista como é o nosso.

42. CONTRIBUIÇÕES NÃO CUMULATIVAS

> Art. 195.
>
> (...)
>
> "§ 13. Aplica-se o disposto no § 12 inclusive na hipótese de substituição gradual, total ou parcial da contribuição incidente na forma do inciso I, *a*, pela incidente sobre a receita ou o faturamento." (Revogado)

O mencionado inciso I, *a*, cuida da "folha de salários e demais rendimentos do trabalho pagos ou creditados a qualquer título, à pessoa física que lhe preste serviço, mesmo sem vínculo empregatício", perdendo interesse em razão da revogação do dispositivo.

Quer dizer, nos casos das variadas substituições possíveis, conforme cada caso teria aplicação o parágrafo anterior.

Rigorosamente, sem prejuízo da aplicação ou interpretação, a disciplina deste preceito poderia fazer parte do aludido parágrafo anterior.

Mas, ele foi revogado.

43. CONTRIBUIÇÕES RECONHECIDAS

Art. 195.

(...)

"§ 14. O segurado somente terá reconhecida como tempo de contribuição ao Regime Geral de Previdência Social a competência cuja contribuição seja igual ou superior à contribuição mínima mensal exigida para sua categoria, assegurado o agrupamento de contribuições."

Não se tem exata ideia de quais seriam as contribuições previdenciárias referidas no início da oração, que não sejam aquelas destinadas ao Regime Geral, uma vez que as referentes a terceiros nunca fizeram parte das fontes de custeio desse regime.

O art. 58-A, § 6º, da Lei n. 13.467/17 (Lei da Reforma Trabalhista) admite um regime de tempo parcial de trabalho e, por conseguinte, remuneração inferior ao salário mínimo.

Este preceito não reconhece o tempo de serviço, exceto se o montante financeiro for implementado até chegar ao valor mínimo.

Uma possibilidade é somar as contribuições mensais menores em uma única competência, com algum prejuízo.

O dispositivo comete um equívoco técnico de natureza previdenciária e quiçá inconstitucional, máxime levando em conta que os contribuintes atingidos são os menos favorecidos.

Primeiro, porque a contribuição previdenciária se situa no âmbito do seguro social e é consabido que o prêmio (contribuição) não mantém correspectividade direta com a indenização (prestação).

Por exemplo, o total da RMI não depende da alíquota de contribuição do segurado (8%, 9% ou 11%), no sentido de quem está um centavo acima da faixa de 8% paga 9% de todo o valor.

Segundo, um empregado de 16 anos, que sofra um acidente do trabalho 30 minutos depois de celebrado o contrato de trabalho, poderá auferir prestação por incapacidade por uns 60 anos, e terá vertido uma contribuição insignificante.

Terceiro, resta ofendido o princípio fundamental da solidariedade social. Se o trabalhador não puder implementar essa pequena contribuição, ela deve continuar fazendo parte do seu salário de benefício. É um risco, como outros que todos correm.

TOMO V — ORGANIZAÇÃO DO REGIME GERAL

44. PREVIDÊNCIA SOCIAL DO TRABALHADOR

Art. 201.

Caput.

"A previdência social será organizada sob a forma de Regime Geral de Previdência Social, de caráter contributivo e de filiação obrigatória, observados critérios que preservem o equilíbrio financeiro e atuarial e atenderá nos termos da lei, a..."

Reeditando um pouco o *caput* do art. 40, no art. 201 a Carta Magna inicia a disciplina da previdência social dos trabalhadores da iniciativa privada, com 16 dispositivos e diversos parágrafos. Além de um § 9º-A. Em certo sentido repete alguns dos diferentes parágrafos do aludido art. 40.

Como se verá, os vocábulos do *caput* obedecem a construção histórica dessa técnica de proteção social; ele foi redigido a partir de convenções pretéritas e, por isso, essas palavras não têm sido contestadas amiúde.

Felizmente, deixando de lado o modismo absurdo de retirar a qualificadora "social" da locução praticada pelas autoridades em 2016, quando mencionavam a Reforma da Previdência, como se ela não fosse a manifestação mais íntima da solidariedade social, *ab initio* o *caput* refere-se à previdência social.

Não é assistência social nem seguro privado ou aplicação financeira. Ficou sem explicar, nem precisava fazê-lo porque assente na doutrina, mas é previdência básica, estatal e pública (nisso distinguindo-se da complementar, particular e privada), empreendida pelo Estado, nesse momento sem cuidar das ações da saúde.

Previdência Social é "Técnica de proteção social resultante do mutualismo e da obrigatoriedade estatal, para a qual as pessoas se filiam, se inscrevem, vertem contribuições, quando atendem os pressupostos legais, recebem prestações correspondentes aos eventos determinantes cobertos pelos planos de benefício" (*Dicionário NOVAES de Direito Previdenciário*. São Paulo: LTr, 2013. p. 383).

Organização administrativa

A Previdência Social é estruturada funcionalmente segundo um regime geral, sem se alcançar o real significado da expressão "geral".

Quase todas as manifestações securitárias têm alcance generalizado.

O RPPS é também assim e isso vale para o regime dos congressistas e militares. Não são regimes particulares.

Até mesmo os planos de benefícios da previdência privada têm esse viés em relação a sua clientela protegida. Ninguém em especial poder ser excluído, e essa é a única possível explicação válida para o emprego desse indigitado "geral".

De todo modo, os regimes especiais são usuais e praticados ao lado do Regime Geral (de inclusão dos informais, das donas de casa etc.), por vezes, criando enormes dificuldades exegéticas em relação às regras de comunicação com o RGPS e os RPPS.

Alguns têm características tão particulares que põem dúvida quanto a sua classificação, caso das entidades criadas na década de 50, entre as quais a Carteira dos Advogados do Estado de São Paulo e os Montepios (fundações de previdência aberta sem fins lucrativos).

Sem falar nos regimes trabalhistas em extinção, chamados de Planos Contábeis, criação dos empresários em favor dos seus empregados e com nuança previdenciária.

Contributividade do sistema

Antes mesmo de aludir à obrigatoriedade de filiação, o preceito ressalta que o regime é contributivo; em princípio, as prestações dependem das contribuições vertidas ou não. Para isso, toda uma tese foi construída pela doutrina para justificar a filiação facultativa e ninguém sustentou que pudesse ser inconstitucional.

Comumente, os segurados têm de contribuir, mas nem sempre, pois os pensionistas usufruem de prestações sem aportar, o que é próprio da pensão por morte e do auxílio-reclusão (obrigado a contribuir é outorgante do benefício).

Diante do princípio da proteção, os acidentados sequer precisam cumprir a carência, um número mínimo de contribuições mensais. Caso fossem ampliadas essas observações e incluída a assistência social, os destinatários precisariam cotizar.

Em 16.12.1998, com a EC n. 20/98, essa contributividade inspirou o emendador constituinte e ele substituiu o título da vetusta aposentadoria por tempo de serviço (que necessariamente não queria dizer período de cotizações) por aposentadoria por tempo de contribuição (NB-42).

Obrigatoriedade de filiação

A filiação e, por conseguinte, a contribuição são obrigatórias. Esse desejo do cientista social deve-se à imposição da solidariedade social.

Tal filiação, tal como a inscrição, poderia ser demonstrada quando do fruto da prestação, mas a contribuição tem de ser *ab initio*, continuada e suficiente.

No Brasil, essa obrigatoriedade convive com a facultatividade da previdência privada tão somente devido à história da previdência social. Os fundos de pensão sem tradição, em 1975, ofereceram os planos de benefícios aos participantes até que eles se convencessem da validade dessa medida. Hoje em dia pensa-se em inscrição compulsória.

A facultatividade dos regimes de inclusão social se explica devido à falta de educação previdenciária das pessoas, com ela pretende-se uma primeira aproximação com a proteção social.

Por natureza, sopesado quando jovem, convicto e saudável, o homem não é previdente; ele muda de pensar quando passa dos 50 anos.

Critérios organizacionais

Critérios são procedimentos que identificam os diferentes institutos técnicos e dizem respeito à própria organização, as miudezas de condutas usuais da administração que tornam possível funcionar a previdência social.

Preservação de princípio

Quando a Lei Maior alude a preservar, ela pressupõe algo que já existe e deve ser mantido, mas, rigorosamente, equilíbrio financeiro e atuarial existia apenas na mente dos doutrinadores e especialmente dos atuários. Um dia ascendeu ao patamar constitucional.

Eleita a categoria de princípio que, como observado em nosso *Princípios de Direito Previdenciário* (6. ed. São Paulo: LTr, 2015), não é norma jurídica (exceto, como é o caso, se for contemplado pelo legislador), é um farol luzeiro para aplicação, integração e interpretação da norma jurídica, bastante invocado quando o intérprete quer convencer terceiros de uma verdade subjetiva.

Geralmente é real, lógico e verdadeiro; tão evidente que é ignorado pelo legislador.

Equilíbrio financeiro

O equilíbrio financeiro significa que são necessários os recursos para as despesas correntes que custeiam as prestações e as reservas matemáticas necessárias para as mesmas finalidades postadas no futuro, infelizmente uma grande verdade pouco praticada no Brasil.

Destarte, comprova contabilmente que a criação de uma prestação que possa desequilibrar o plano de benefícios será considerada inconstitucional. Não carece destruir o sistema, basta que haja uma ameaça e que não se vislumbre a curto prazo o reequilíbrio. Assim é o caso da LC n. 142/13, que trisca o orçamento da previdência ainda que sem chegar a erodi-lo.

Princípio atuarial

O aspecto atuarial não tem a ver com recursos financeiros e sim com noções demográficas. Em linhas bem gerais, um plano de benefícios deve manter uma relação entre contribuintes ativos e inativos. Se essa relação numérica é quebrada por baixa natalidade ou alto crescimento da sobrevida, o plano resta ameaçado de se tornar deficitário. Se os bons riscos se tornam maus riscos eles têm de ser considerados na busca de novos recursos.

Legalidade das prestações

Somente a lei pode criar prestações e lhe descabe autorizar o decreto a fazê-lo. Decretos que criam direitos ou vantagens são ilegais; da mesma forma isso vale para as portarias e instruções normativas.

É consabido que a lei não logra disciplinar todas as situações e daí acolherem os atos menores na hierarquia das normas, desde que observem o espírito da lei. Lamentavelmente, somente quando se excedem é que são censuradas; muitíssimas delas proliferam pelas normas administrativas.

45. SINISTROS COBERTOS PELO REGIME GERAL

Art. 201.

(...)

"I — cobertura dos eventos de incapacidade temporária ou permanente para o trabalho e idade avançada."

Com o uso da expressão "cobertura" resta evidente o viés securitário da previdência social. Ideia original, quando de sua criação em 1883, na Alemanha de Otto von Bismarck, preservada, especialmente no que se refere às prestações de sinistros não programados (sua alma, razão de ser e principal escopo).

Incapacidade temporária

Quando cuida do mesmo tema, no art. 40, § 1º, I, ficou evidente a impressão de que o vocábulo "incapacidade" diria respeito tão somente à aposentadoria por invalidez.

Aqui, diferentemente da versão anterior, não alude expressamente à doença, podendo, se assim se quiser, entender que essa "incapacidade temporária" possa se referir ao auxílio-doença do art. 59 do PBPS, que não deixa de ser uma inaptidão por pouco tempo.

Incapacidade permanente

A incapacidade permanente é assemelhada a do art. 42 e seguintes do PBPS, ali tratada como aposentadoria por invalidez.

Idade avançada

Com o desaparecimento da aposentadoria por tempo de contribuição (NB-42) e o surgimento de um benefício que reclama tempo mínimo de contribuição de 15 anos e 65 anos de idade, se compreenderá que idade avançada quer dizer esses 65 anos.

Até porque a antiquíssima aposentadoria por idade (NB-41) desapareceu da legislação previdenciária (ainda que sustentada para os beneficiados pelas regras de transição).

O emendador parece ter-se esquecido de referir-se ao auxílio-acidente, um benefício de pagamento continuado permanente, deferido após a cessação do auxílio-doença acidentário, quando o segurado resta com sequela laboral, e no valor de 50% do salário de benefício do auxílio-doença.

46. APOSENTADORIAS DIFERENCIADAS

Art. 201.

(...)

"§ 1º É vedada a adoção de requisitos ou critérios diferenciados para a concessão de benefícios, ressalvada, nos termos de lei complementar, a possibilidade de previsão de idade e tempo de contribuição distintos da regra geral para concessão de aposentadoria exclusivamente em favor dos segurados..."

Por não se saber precisamente o que significam esses requisitos e critérios diferenciados e lembrando que a Carta Magna só prevê duas aposentadorias (aposentadoria programada e incapacidade permanente), o início da oração resta meio sem sentido, uma vez que as prestações têm condições específicas para cada tipo de sinistro.

Vale dizer, para esses benefícios o período de carência pode diferir, os coeficientes são distintos e as condições variarem.

As exceções permitidas são duas, constantes dos incisos I e II.

Rigorosamente, o que o legislador quer dizer é que o PBC, o salário de benefício e o teto seriam iguais, mas tradicionalmente o PBPS excepciona com o acréscimo de 25% para a aposentadoria por invalidez (PBPS, art. 45).

A impressão que fica é que em raros casos, algumas pequenas contusões, a Lei Maior não despertaria o interesse dos estudiosos.

Resta salientar que neste momento, devido a sua semelhança dos incisos I e II, o emendador se esqueceu da aposentadoria do professor, que disciplina somente no § 8º.

Um eventual auxílio-doença parental não seria abrigado. A aposentadoria dos exilados, anistiados e dos ex-combatentes, quando naturalmente falecer o último dos beneficiários, deixarão de existir no rol dos benefícios.

As pensões não previdenciárias não foram afetadas.

47. PESSOA COM DEFICIÊNCIA

Art. 201.

(...)

"§ 1º, I — com deficiência, previamente submetidos à avaliação biopsicossocial por equipe multiprofissional e interdisciplinar."

As três variantes da aposentadoria do trabalhador com deficiência estão previstas na LC n. 142/13 e dizem respeito as limitações pessoais leve, média e grave (*Benefícios da Pessoa com Deficiência*. São Paulo: LTr, 2018).

Além dessa LC n. 142/13, quem define esse segurado obrigatório é o art. 2º do Estatuto da Pessoa com Deficiência (Lei n. 13.146/15). Outro conceito comparece no art. 2º da Lei n. 8.742/93 por conta do art. 105 do Estatuto da Pessoa com Deficiência.

Essa última norma não tem disposições específicas para as prestações securitárias e num único art. 41 remete à LC n. 142/13.

De todo modo, ela alterou várias leis convindo ressaltar as modificações havidas no art. 16, I e III e art. 77, § 2º, II do PBPS. Além da aposentadoria por idade, os demais benefícios relacionados no art. 18 do PBPS seguem cenários dos eficientes.

Análise biopsicossocial

O instituto técnico ora enfocado deve deter um título específico que permita distingui-lo do exame pericial tradicional que se presta para apurar a eventual incapacidade fisiológica ou psicológica do examinado.

Presente a individualidade desse procedimento e tendo em vista que o ambiente a ser periciado é social, para não ser confundido com o mencionado exame pericial individual, convém que seja chamado de impedimento social.

A expressão "incapacidade" utilizada como sinônima de inaptidão é um empecilho à disposição do homem de trabalhar. Aqui designada como incapacidade trabalhista, afastada a expressão "laboral" por sua generalidade, mas, por vezes, utilizada como sinônimo.

Mesmo que a verificação de campo seja promovida por terceira pessoa, um assistente social, a avaliação final continua sendo da perícia médica do INSS.

A avaliação biopsicossocial é uma concepção nascente e em corporificação, envolve a situação individual, familiar, grupal e social de um beneficiário requerente de benefício ligado à inaptidão previdenciária com vistas a incorporar o impedimento social adutor dos elementos de determinação da instrução da concessão da prestação pretendida.

Trata-se de um *plus* no exame pericial usual sem previsão no PBPS e carente de disciplina legal específica.

Supõe-se que, primeiro, os peritos examinarão o segurado requerente, como faz usualmente, sob os aspectos fisiológicos ou psicológicos, ou simplesmente laborais, de tal forma que aprecie a inaptidão trabalhista e, posteriormente, a social, como aqui conceituada.

Fica assente que cessada a incapacidade trabalhista, se ainda persistir a incapacidade social, tal licença médica não seria mantida. Ela seria acessória da principal.

Nesse sentido, se o pretendente se julgar incapaz, ele não poderá exercitar atividade laboral. Descaberá voltar ao trabalho e, se o fizer, o benefício será suspenso.

Pretende-se com essa análise exógena considerar o segurado não apenas sob o aspecto de um organismo vitimado por algum óbice para trabalhar como vem sendo sopesado.

Não bastaria o exame do seu corpo presente na sala da perícia médica, em que o *expert* não detém condições ideais de somar todas as informações que carece para um parecer completo.

Em verdade, o segurado é um ser social, envolvido com os direitos do exercício da cidadania que o fazem um sujeito de muitas relações, algumas delas impeditivas de se completar e, destarte, poder trabalhar.

Claro, nessa tarefa externa excepcional, que reclama uma investigação científica para a qual a Previdência Social possivelmente não esteja preparada, é preciso que tal extensão da perícia médica leve em conta os relacionamentos do homem com o meio ambiente.

É preciso considerar a análise biopsicossocial como um avanço doutrinário que merece o profundo respeito àqueles que a criaram. Devendo haver empenho para propugnar para a sua consubstanciação.

Trata-se de um exame complementar complexo, cujo escopo é estender o conceito da prestação previdenciária, uma ideia concebida pela doutrina e não prevista na legislação vigente, cobrindo um impedimento de natureza distinta da puramente laboral.

Ainda que não seja uma nova prestação (como sucedeu com o direito da pessoa com deficiência), sua implantação por parte do legislador, no mínimo, reclamará o cumprimento do princípio da precedência do custeio, sob pena de inconstitucionalidade.

Como se verá, é instituto nascente e, *ipso facto*, precisa ser estudado, tecnicamente aprofundado, particularmente no respeitante aos limites de sua aplicabilidade.

Podendo fisicamente trabalhar, mas sem lograr obter posto de trabalho, se o indivíduo é vítima da discriminação racista, étnica, sexual, etária, patológica, ser ex-presidiário etc., tal diminuição de cidadania, em face do direito positivado, embora desejável não é risco securitário ou previdenciário que possa, no momento, ser coberto pelo RGPS e que carece ser disciplinado.

A avaliação biopsicossocial se dá quando o beneficiário comparece ao INSS, requer uma prestação por incapacidade trabalhista e se submete à perícia médica. Usualmente um auxílio-doença ou a aposentadoria por invalidez, mas incluindo outros possíveis direitos.

Sendo acolhida a tese ora exposta, além da apuração da capacidade fisiológica e psicológica, aqui designada como incapacidade laboral, o médico perito estaria obrigado a vislumbrar os elementos exógenos que extrapolam o trabalho e presentes no seu ambiente existencial. Ou seja, os impedimentos sociais.

48. APOSENTADORIA ESPECIAL

Art. 201.

(...)

"§ 1º, II — cujas atividades sejam exercidas com efetiva exposição a agentes nocivos químicos, físicos e biológicos prejudiciais à saúde, ou associação desses agentes, vedada a caracterização por categoria profissional ou ocupação."

De imediato, convém destacar: no texto comentado, após a cobertura especial da saúde, deixou de comparecer a proteção à integridade física (efeito deletério menos enfatizado na exposição aos agentes insalubres).

Entende-se com isso que somente a exposição do trabalhador capaz de adquirir doenças estaria coberta pelo benefício.

Por ora, abstraindo a decisão do Senado Federal de transferir a questão para uma decisão posterior, operada quando da aprovação da PEC n. 6-A/19 no segundo turno, a periculosidade deixou de ser fator gerador, embora a dicção do inciso II possa indicar que a penosidade continue protegida.

O emendador desceu a insuspeitados pormenores referindo-se ao direito de categoria vigente até 28.4.1995. Como acontece na lei ordinária, o benefício é de ordem geral e não para categorias especificadas. O chamado direito de categoria foi sepultado.

A regra lógica capital é: quem puder demonstrar a deletéria exposição aos agentes nocivos fará jus ao benefício.

A EC n. 103/19 não pormenorizou a aposentadoria especial do trabalhador como o fez em relação à aposentadoria do professor e por incapacidade.

Deixou por conta de uma lei complementar prometida desde 1988. Consigne-se que em outubro de 2019 foi apresentado um Projeto de Lei Complementar, regulamentando o inciso II do § 1º do art. 201 da Carta Magna, disciplinando a aposentadoria especial do trabalhador, com fixação de limite de idades.

A remissão autorizativa do § 12 do art. 40 e todo o desenvolvimento da EC n. 103/19 revelam que o emendador deseja uma identificação da aposentadoria do servidor com a do trabalhador.

Assim, os requisitos básicos devem ser os mesmos dos arts. 57/58 do PBPS, com exigência da qualidade de segurado estatutário, um período de carência e evento determinante específico, este, sim, de difícil manejo, como vem sucedendo no RGPS (Súmula Vinculante STF n. 33).

Prosseguirá a contagem recíproca de tempo de serviço do RGPS e entre os RPPS, com a emissão da CTC.

Os agentes nocivos devem ser os físicos, químicos, biológicos, ergométricos e psicológicos. Até mesmo uma combinação deles.

Seus níveis de tolerância perfilharão as regras trabalhistas e previdenciárias, aplicando-se toda a teoria da tecnologia de proteção do trabalhador, como uso de EPI, EPR e EPC.

Serão admitidos todos os meios de prova admitidos, entre os quais, o LTCAT e PPP, além dos indiretos. A habitualidade, a permanência e a intermitência farão parte do instituto técnico.

49. APOSENTADORIA PROGRAMADA

Art. 201.

(...)

"§ 7º, I — 65 (sessenta e cinco) anos de idade, se homem, e 62 (sessenta e dois) anos de idade, se mulher, observado tempo mínimo de contribuição."

A maior novidade da EC n. 103/19 é este benefício, por nós intitulado de aposentadoria programada (para distinguir da vetusta aposentadoria por idade do art. 48 do PBPS (NB-41) e da antiquíssima aposentadoria por tempo de contribuição (NB-42), e que já foi aposentadoria ordinária (1923) e por tempo de serviço até 1998).

Criou uma pequena celeuma que será compreender a natureza jurídica previdenciária do "tempo *mínimo* de contribuição" (grifos nossos).

Abstraindo por ora o valor da RMI, esse cenário propicia uma inusitada situação: uma pessoa que, por qualquer motivo, antes nunca contribuiu, e com 50 anos de idade se tornou segurado do RGPS, pagou 15 anos e está com 65 anos de idade, terá direito ao benefício, recebendo 60% + 15% = 75% do salário de benefício.

Exceto ser confrontado com aquele que começou a pagar desde 16 anos de idade anos (*sic*). Somente terá direito aos 100% se deixar para se aposentar com 65 anos de idade.

Natureza jurídica

Uma prestação mensal de pagamento continuado em dinheiro, substituidora dos salários (portanto, inacumulável com benefícios de mesma natureza do RGPS), com alguma semelhança com as aposentadorias europeias, e sem obstar a volta ao trabalho na iniciativa privada.

Direito subjetivo de quem preenche os requisitos legais, não pode ser penhorada, excetuado se for albergada a tese propugnada na decisão da Justiça do Trabalho de Minas Gerais, contida no Proc. n. 0011591 23.1018.5.03.000 de 19.8.19.

Não põe fim ao vínculo laboral e não conhece antiga modalidade proporcional; só a integral.

Volição pessoal

Embora despiciendo afirmar, a oração permite concluir que solicitação do benefício depende da vontade do segurado.

Quer dizer, somente o titular do direito pode deflagrá-lo, criando dúvidas em relação a normas ordinárias infraconstitucionais que autorizam o seu deferimento por vontade do empregador.

Condições mínimas

São fixadas condições para assegurar o pretendido direito de se aposentar. Quem não atende essas exigências queda-se na expectativa de direito, vale dizer, não tem direito. Muito menos direito adquirido.

Um homem com 44 anos de contribuição (portanto com o tempo mínimo cumprido) e 60 anos de idade terá de esperar cinco anos.

Idade mínima

A idade mínima — objeto da Fórmula 95 — passou a ser de 65 anos de idade para os homens e 62 anos para as mulheres, um patamar elevado para os padrões usuais e que sopesa o crescimento da expectativa de vida dos brasileiros e pressupõe crescimento demográfico.

Manteve ligeira diferença transitória entre homem e mulher, mas não entre nordestinos e sudestinos.

Tempo de contribuição

O tempo mínimo de contribuição para os dois sexos tenta a pretendida uniformidade da previdência social brasileira e, nesse aspecto, a sexual.

Sem deter características de período de carência, o tempo mínimo poderá ser ininterrupto ou interrompido, diante do silêncio normativo.

Dirá respeito à iniciativa privada, esta última por meio da contagem recíproca de tempo de contribuição (art. 201, § 9º).

Para o trabalhador rural será de 60 anos para os homens e 55 para as mulheres, também com tempo mínimo (Inciso II).

O art. 19 fala em 15 anos para as mulheres e 20 anos para os homens, sendo que para os servidores é de 25 para ambos os sexos (art. 10).

Transexual

Nenhuma palavra foi dita sobre a idade mínima do transexual, se aos 62 ou aos 65 anos de idade, quando seria operada avaliação da transgenitalização.

Aposentadoria compulsória

O texto silenciou quanto à aposentadoria requerida pelo empregador de que trata o art. 51 do PBPS.

50. APOSENTADORIA PROGRAMADA DO RURÍCOLA

Art. 201.

(...)

"§ 7º, II — 60 (sessenta) anos de idade, se homem, e 55 (cinquenta e cinco) anos de idade, se mulher, para os trabalhadores rurais e para os que exerçam suas atividades em regime de economia familiar, nestes incluídos o produtor rural, o garimpeiro e o pescador artesanal."

A aposentadoria programada do rurícola é muito assemelhada a do trabalhador urbano, mas o limite de idade é cinco anos menor, ou seja, 60 anos para os homens e 55 para as mulheres.

O emendador, sem muita clareza (quando fala em atividade em regime de economia familiar), tenta esclarecer o que entende por trabalhador rural: segurado especial, garimpeiro e pescador artesanal.

Nenhuma palavra foi dita sobre a aposentadoria por idade híbrida, ou seja, do obreiro que trabalhou parte do seu tempo de serviço no mundo rural e o restante no mundo urbano.

Deverá ser uma tabela proporcional que considerem os diferentes tempos de serviço. No caso particular de um campesino que trabalhou 50% do seu tempo de contribuição na zona rural e 50% na cidade, sua idade limite será 60 + 65 = 125 ÷ 2 = 62,5 anos de idade.

51. APOSENTADORIA DO PROFESSOR

Art. 201.

(...)

"§ 8º O requisito de idade a que se refere o inciso I do § 7º será reduzido em 5 (cinco) anos, para o professor que comprove tempo de efetivo exercício das funções de magistério na educação infantil e o ensino fundamental e o médio fixado em lei complementar."

Até 29.6.1981, *ex vi legis* do art. 31 da LOPS (Lei n. 3.807/60), o professor desfrutava da aposentadoria especial dos expostos aos agentes nocivos, mais tarde disciplinada nos arts. 57/58 do PBPS, sendo que jamais ficou decidido com certeza científica se o evento determinante era a insalubridade (devido ao uso do giz) ou a penosidade de preparar e ministrar as aulas.

Então, poucos consideraram que ela cobria tão somente algum risco (de perda da integridade física ou saúde) e não o sinistro (como deseja, agora, a EC n. 103/19).

Constitucionalização da aposentadoria

Diante da inexcedível relevância da nobre função do educador (leia-se, quem ensina), após enormes esforços das lideranças sindicais do professorado, com a EC n. 18/81, esse benefício foi guindado à condição de prestação constitucional.

Ela pontuava em seu art. 2º:

"O art. 165 da Constituição Federal é acrescido do seguinte dispositivo, passando o atual item XX a vigorar como XXI: a aposentadoria para o professor após 30 anos e, para a professora, após 25 anos de efetivo exercício em funções de magistério, com salário integral."

Essa norma constitucional dizia que a renda mensal inicial seria integral (sede de grande polêmica exegética), em uma justa homenagem da sociedade, por todos os títulos, ao meritoso empenho de ensinar pessoal dos docentes.

A obviedade solar dessa proteção específica era e é tão exuberante que poucos estudiosos se debruçaram sobre o fundamento técnico da distinção previdenciária.

Sem lograr imaginar como merecidamente prestigiar o magistério, destinatário de todos os encômios retóricos nas políticas públicas, não sabendo o que fazer, como sói acontecer o legislador, utilizou-se de uma prestação da Previdência Social para promover a recompensa dos professores, embora não fosse o papel institucional dessa técnica protetiva.

Uma aposentadoria precoce seria suficiente para a sociedade agradar e premiar e estimular os mestres, introduzida sem um aprofundamento científico da questão, que reclamava uma análise sociológica técnica.

Naquela ocasião e sempre, muitos observadores da legislação previdenciária não conseguiram assimilar como uma professora que tivesse se iniciado no magistério aos 20 anos poderia se jubilar precocemente aos 45 anos de idade, sendo certo que segundo o IBGE ela viveria até os 80 anos.

Mesmo no âmbito do princípio da solidariedade social, nuclear na técnica securitária, num raciocínio atuarial simplificado, não puderam entender que contribuíssem por 25 anos e recebessem por 35 anos, simetricamente com o que sucede com a aposentadoria especial comum.

O nó górdio da questão parece ser deslindar se os mestres do ensino ainda são merecedores dessa distinção e a quem cabe a responsabilidade da conta, que tem sido do INSS.

Parta-se, *ab initio*, da presunção de que a diferença se impõe, haja vista que existe há mais de 60 anos e raramente foi contestada. Malgrado ter sido estudada perfunctoriamente.

É consabido que a educação, melhor deveria se dizer o ensino escolar, é o maior problema do nosso país. Firmado esse dogma e diante das enormes dificuldades de se retribuir esse trabalho profissional condignamente em correspondência com sua relevância, tem-se que essa compensação deveria provir de outra fonte. Que, se espera, não deva ser tão somente pecuniária.

Professor do serviço público

Os requisitos materiais são:

a) 57 anos de idade para professoras e 65 anos para os professores; e

b) tempo mínimo de contribuição.

Um questionamento significativo respeita a idade mínima que está sendo cogitada. Como é comum, após completar o seu aperfeiçoamento, digamos, um professor inicia a sua carreira profissional com 20 anos de idade e 25 anos depois (normalmente incluirá o tempo mínimo no serviço público) estará com 45 anos de idade.

Todavia, não poderá se aposentar porque lhe faltarão 12 anos para chegar aos 57 anos de idade.

O que fará? Continuará lecionando (usualmente não terá outra profissão), totalizando 40 anos de magistério (*sic*) ou deixará a escola pública e se dedicará a outra atividade, menos estressante e, então, como sexagenário, se aposentará?

Professor da iniciativa privada

Para o professor da iniciativa privada praticamente os requisitos serão os mesmos, com exceção do tempo de contribuição no serviço público.

Vale concluir uma triste realidade: desaparece a meritória justa homenagem ao valor intrínseco do professor: ele foi equiparado ao comum dos mortais e previdenciariamente transformado em um proletário.

Professor com deficiência

Pode dar-se o professor ser portador de uma deficiência, com limitação leve, média ou grave, obrigando analisar a LC n. 142/13.

Possivelmente, a LC n. 142/13 será recepcionada pela Carta Magna emendada e, nesse sentido, caso presente a hipótese, vez que foram equiparados, afasta-se a presença da aposentadoria do professor e considera-se a aposentadoria da pessoa com deficiência.

52. CONTAGEM RECÍPROCA DE TEMPO DE CONTRIBUIÇÃO

Art. 201.

(...)

"§ 9º Para fins de aposentadoria, será assegurada a contagem recíproca de tempo de contribuição entre o Regime Geral de Previdência Social e os regimes próprios de previdência social, e destes entre si, observada a compensação financeira, de acordo com os critérios estabelecidos em lei."

Tanto quanto a conversão é caso particular da soma de tempos de serviço (PBPS, art. 57, § 5º, antes da Lei n. 9.732/98), a contagem recíproca é uma espécie da adição de períodos submetidos a regimes previdenciários distintos (principalmente RGPS e RPPS).

Particulariza-se por ser preceituada por norma geral em relação aos diferentes sistemas. Aplica-se ao RGPS e é comum a todos os regimes do servidor federal, distrital, estadual ou municipal.

Tendo trabalhado sob diferentes planos de previdência social sem ter completado os requisitos individuais em cada um deles, não tem sentido o trabalhador não se aposentar por tempo de serviço, só o fazendo pela aposentadoria por idade.

Isso é mais significativo quando se trata das atividades perigosas, penosas ou insalubres, exercidas em distintos ambientes de trabalho, na iniciativa privada ou para o Estado.

No passado, ao regulamentá-la, o legislador foi tímido e preocupou-se em limitar os seus efeitos e isso fez atrasar a inevitável universalidade. Podendo, não generalizou nem ordenou, forçando os estudiosos, em muitos casos, a interpretar sistematicamente a legislação. Talvez tenha sido sofreado pelo Calcanhar de Aquiles da concepção: o acerto de contas entre os gestores.

Regras mínimas

A situação de quem trabalhou na iniciativa privada e no serviço público (alternadamente ou não) sempre gerou dúvidas, embora as regras vigentes sejam bastante simples. O legislador naturalmente quer o equilíbrio dos diferentes planos de benefícios e por isso foi preciso que haja um acerto de contas previsto na lei.

Destarte, o tempo de serviço do RGPS dos trabalhadores da iniciativa privada pode ser somado ao tempo de serviço de um RPPS dos servidores públicos municipais, estaduais, federais e do DF.

Se o segurado teve simultaneamente dois períodos de filiação ao RGPS, para os fins dessa contagem recíproca e como se tivesse tido apenas um, e uma vez computado num RPPS, ele não mais serve para o RGPS.

No caso de dois períodos distintos, portanto, não concomitantes, é possível averbar apenas um deles num RPPS e aproveitar o restante no RGPS (para os vários fins, inclusive para o tempo de contribuição, carência, definição do coeficiente aplicado ao salário de benefício etc.).

O INSS fatia um período. Solicitado, ele emite uma CTC para uma parte, a ser computada no serviço público e a parte restante presta-se ao RGPS.

Quem usou a contagem recíproca num RPPS e sobrou algum tempo do RGPS, desde que cumpra a carência e os demais requisitos, poderá requerer a aposentadoria por idade.

Ninguém pode obter duas aposentadorias num mesmo regime. Alguém usufruirá um benefício no RPPS e outro no RGPS. E, ainda, um benefício no regime dos militares e dos parlamentares. Claro, terá de atender aos pressupostos legais desses regimes todos.

A contagem é recíproca, ou seja, o INSS considera tempo de serviço público e o órgão público considera o tempo do RGPS. Um período computado (vale dizer "consumido") uma vez não pode mais ser usado.

Ente concessor

A concessão da aposentadoria se dá sempre no último regime. Já a carência é da lei do servidor público, se a aposentadoria ali se der e no RGPS, caso seja no INSS. Elas são diferentes.

Conceito doutrinário

Pode ser conceituada como o cômputo de períodos de trabalho prestados sucessivamente, na iniciativa privada e para entes públicos ou vice-versa, com vistas à implementação dos requisitos dos benefícios concedíveis pelos ordenamentos nos quais contemplados.

Criada, principalmente, para a aposentadoria por tempo de contribuição, sua extensão a outros benefícios ou adoção com objeto de majorar os coeficientes aplicáveis ao salário de benefício deve ser analisada com base nos dispositivos legais fixadores das exigências e definidores das vantagens.

Tipos

Basicamente, são dois tipos:

1) contagem entre o RGPS e o regime do servidor (RPPS), em que a reciprocidade é instituída; e

2) contagem entre o RGPS e o regime do servidor estadual, distrital ou municipal, quando a reciprocidade é condição exigida para a adição dos períodos de filiação.

Um terceiro tipo, fora do RGPS, é a conjugação de tempos de trabalho, entre si, dos servidores federal, estadual, distrital ou municipal, prevista na Lei Maior.

Objetivo mínimo

Carece avultar a finalidade da contagem recíproca. São dois os objetivos principais: 1) completar o requisito básico do benefício (geralmente, tempo de serviço); e 2) ampliar os coeficientes.

Nas prestações por tempo de contribuição, ocorre a implementação do requisito temporal; nas demais (como a aposentadoria por idade, por invalidez ou auxílio-doença), ela se presta apenas para fixar os coeficientes, acrescidos como tempo estranho ao regime.

A contagem recíproca é para "efeitos dos benefícios previstos" no RGPS. Corrige a impropriedade do art. 202, § 2º, da CF/1988, quando falava em "tempo de contribuição" e, na verdade, queria dizer tempo de filiação. Só não dizia como se faria a compensação financeira entre os diversos regimes previdenciários, deixando a explicação para o regulamento. A Lei n. 9.528/97 alterou a redação do art. 94 do PBPS, substituindo o "tempo de serviço" por tempo de contribuição (com vistas na EC n. 20/98).

A Lei n. 13.135/15 deixou claro que o tempo de contribuição de um RPPS poderá ser computado para completar a carência da pensão por morte e que, aliás, era evidente no art. 94 do PBPS.

Um servidor federal com 20 anos de serviço no RGPS (iniciativa privada), 10 anos no RPPS (serviço público) e com 50 anos de idade apresenta situação que envolve a contagem recíproca de tempo de serviço em face da aposentadoria por idade e aposentadoria por tempo de contribuição.

Ele poderá averbar os 20 anos do RGPS no RPPS, somando-os com os dez anos que já tem. Ficará com 30 anos de tempo de contribuição e se aposentaria daqui cinco anos. Mas terá de esperar mais 10 anos para chegar a 60 anos (idade mínima do servidor).

Logo, aposentar-se-ia com 40 anos de serviço (!). Os 20 anos do RGPS serão "consumidos" e não poderão ser aproveitados para nada na previdência social do INSS.

Por outro lado, outro servidor, sem impedimento constitucional para exercer uma atividade laboral paralela ao serviço público, continuará contribuindo para o RGPS e para o RPPS do serviço público.

Quando completar os requisitos do RGPS, que não tinha idade mínima para a aposentadoria integral por tempo de contribuição (como o servidor tem), fará jus aos benefícios correspondentes.

A nosso ver, se alguém, simultaneamente ao serviço público, exerceu atividade vedada na iniciativa privada (que não é delito, mas contrária à Carta Magna) poderá sofrer algum tipo de sanção administrativa no tocante à relação jurídica entre o servidor e o Estado, mas não perderá o direito ao benefício previdenciário do INSS.

No âmbito do RGPS (iniciativa privada) não existe sanção prevista em lei e em face de um trabalho não criminoso, a filiação e impõe e gera obrigações (recolher contribuições) e direitos (benefícios).

53. TEMPO DE SERVIÇO MILITAR

Art. 201.

(...)

"**§ 9º-A. O tempo de serviço militar exercido nas atividades de que tratam os arts. 42, 142 e 143 e o tempo de contribuição ao Regime Geral de Previdência Social ou a regime próprio de previdência social terão contagem recíproca para fins de inativação militar ou aposentadoria e a compensação financeira será devida entre as receitas de contribuição referente aos militares e as receitas de contribuição aos demais regimes.**"

O § 9º-A enfoca quatro tempos de atividades laborais remuneradas que devem ser considerados em face do acerto de contas, quando for o caso, entre os regimes previdenciários:

a) tempo de carreira militar (CF/88, arts. 42 e 142);

b) tempo de serviço militar (PBPS, art. 55, I);

c) tempo de filiação ao Regime Geral; e

c) tempo de filiação ao Regime Próprio.

O emendador esqueceu-se do regime dos parlamentares.

À luz do que reza o *in fine*, a menção ao serviço militar gera pequena dúvida, devendo-se entender que seria do jovem civil que prestou o serviço militar e não da carreira militar; esta, obviamente, presta-se para a aposentadoria militar.

Diz o art. 143 da Carta Magna:

"O serviço militar é obrigatório nos termos da lei.

§ 1º Às Forças Armadas compete, na forma da lei, atribuir serviço alternativo aos que, em tempo de paz, após alistados, alegarem imperativo de consciência, entendendo-se como tal o decorrente de crença religiosa e de convicção filosófica ou política, para se eximirem de atividades de caráter essencialmente militar."

Depois de enumerar essas quatro situações particulares, o dispositivo manda computar tais períodos para fins de aposentadoria militar e, no ensejo, recorda que isso seria possível em relação ao Regime Geral e Regime Próprio via contagem recíproca de tempo de contribuição (§ 9º).

54. PRESTAÇÕES DE SINISTRO NÃO PROGRAMADO

Art. 201.

(...)

"§ 10. Lei Complementar poderá disciplinar a cobertura de benefícios não programados, inclusive os decorrentes de acidente do trabalho, a ser atendida concorrentemente pelo Regime Geral de Previdência Social e pelo setor privado."

Desde a Lei Eloy Marcondes de Miranda Chaves (Decreto Legislativo n. 4.682/23), o RGPS cuidou do que se convencionou chamar de prestações de risco não programadas, imprevisíveis, sem que delas, até então, expressamente cuidasse a Lei Maior.

Semanticamente, o emendador se equivocou, os benefícios são programados, o que não é programado é o sinistro que os deflagra.

Embora quase desnecessário, mas sistematizando o sistema jurídico, contemplou a hipótese na Carta Magna.

O preceito cuida da previsão da legislação pertinente aos benefícios que despertam mais atenção na proteção social: os de riscos imprevisíveis. Por sinal, não poderão ser extintos por via de legislação ordinária.

Tais prestações são insitamente previdenciárias, com viés de seguro social, desde sua criação mundial (1883), em face das de risco programado com feições de aplicação financeira. Elas são pessoais do segurado e dos seus dependentes.

As do segurado são o auxílio-doença, a incapacidade temporária e permanente (antiga aposentadoria por invalidez), o auxílio-acidente e serviços sociais. Não houve menção ao benefício parental.

Também a pensão por morte e o auxílio-reclusão, dos dependentes, quase todos referidos no texto da Carta Magna, em que o fato gerador também é imprevisível.

Durante o debate público que precedeu o encaminhamento da PEC n. 6-A/19, ainda que sem qualquer explicitação, retoricamente as autoridades se referiram frequentemente ao regime de capitalização, silenciando quanto ao regime de repartição simples. Particularizando, incluiu as prestações acidentárias por incapacidade.

Certamente o regime financeiro adotado será benefício definido, ou seja, de antemão o segurado e o seu dependente saberão quanto receberão no caso de incapacidade comum ou ocupacional e morte.

Administrativamente quem providenciará a concessão dessas prestações será o INSS e, inovando, fica autorizado a transferir essa responsabilidade à iniciativa privada, que não é uma experiência nova, já adotada na previdência complementar associativa.

O segurado requererá o benefício à autarquia, será submetido à perícia médica e, comprovado o pressuposto legal, o terá deferido.

Bem obviamente, o emendador não poderia pretender que essa cobertura devesse se submeter ao regime de capitalização; uma incapacidade temporária ou permanente pode sobrevir logo em seguida ao início da filiação ao RGPS (quando o segurado não teria qualquer capital acumulado).

Nada obstaria que as contribuições do segurado prossigam paralelamente ao regime de capitalização.

Este preceito é curioso e desperta reflexão, ele fala em benefícios não programados (*sic*), mas já as disciplinara quando tratou da aposentadoria temporária e permanente e pensão por morte.

O que chama a atenção é a possibilidade de delegação à iniciativa privada, que visa lucro, com todos os seus inevitáveis percalços, entre os quais a perícia médica

Daí não estranhar a manchete do Estadão de 21.10.19: "Pagamento do auxílio-doença pode passar do INSS para as empresas" (Economia & Negócios — p. B-1).

Se o *animus legislatoris* de resolver o seríissimo problema for o limbo administrativo previdenciário, deverá ser aplaudido, mas receia-se que entregar a gestão de prestações de risco não programados ao empregador não seja uma boa medida. A existência da Justiça do Brasil nasceu devido ao permanente conflito de interesses entre patrões e empregados...

Auxílio-acidente

O auxílio-doença e o auxílio-acidente não compareceram expressamente mencionados na EC 103/19, mas à evidência são recepcionados nas mudanças.

O auxílio-acidente merece destaque porque foi objeto da Medida Provisória n. 905/19. Se convertida em lei ditará:

"Art. 86. O auxílio-acidente será concedido, como indenização, ao segurado quando, após a consolidação das lesões decorrentes de acidente, resultarem sequelas que impliquem redução da capacidade para o trabalho que habitualmente exercia, conforme situações discriminadas no regulamento.

§ 1º O auxílio-acidente mensal corresponderá a 50% (cinquenta por cento) do benefício de aposentadoria por invalidez a que o segurado teria direito e será devido somente enquanto persistirem as condições de que trata o *caput*.

§ 1º-A. Na hipótese de manutenção das condições que ensejaram o reconhecimento do auxílio-acidente, o auxílio será devido até a véspera do início de qualquer aposentadoria ou até a data do óbito do segurado.

§ 6º As sequelas a que se refere o *caput* serão especificadas em lista elaborada e atualizada a cada três anos pela Secretaria Especial de Previdência e Trabalho do Ministério da Economia, de acordo com critérios técnicos e científicos."

55. INCLUSÃO DOS INFORMAIS

Art. 201.

(...)

"§ 12. Lei instituirá sistema especial de inclusão previdenciária, com alíquotas diferenciadas, para atender aos trabalhadores de baixa renda, inclusive os que se encontram em situação de informalidade, e àqueles sem renda própria que se dediquem exclusivamente ao trabalho doméstico no âmbito de sua residência, desde que pertencentes a famílias de baixa renda."

Em janeiro de 2002, no Gabinete do Superintendente do INSS, em São Paulo, oferecemos ao deputado Ricardo Berzoini uma sugestão de filiação de trabalhadores ocupados na informalidade e de baixa renda a ser contemplada na Carta Magna, e foi.

Um sistema recente, que reclama regramento esmiuçador, vez que a lei e o decreto regulamentador não são suficientemente claros.

O sistema especial de inclusão dos informais (SEII) foi disciplinado pela Lei n. 11.430/06 e Decreto n. 6.042/07, e entrou em vigor em 12.2.2007.

A LC n. 123/06 alterou o art. 21 do PCSS, acrescendo-lhe os §§ 2º e 3º. De certa forma, o SEII está presente na LC n. 128/08, quando ela regulamenta o Microempresário Individual (MEI).

O Regime Geral compreende um conjunto de regras sobre filiação, inscrição, contribuições e prestações, bem como e alguns regimes especiais (e alguns segmentos contributivos particulares).

Um sistema especial pretende abarcar os trabalhadores da informalidade. Não se confunde com o SIMPLES Nacional (das microempresas e empresas de pequeno porte), que é um regime fiscal distinto dentro do RGPS.

Ele funciona como um círculo estanque circunvizinho de um círculo maior (Regime Geral), dos informalizados, e que acabam se formalizando especialmente e com o plano de benefícios de renda mensal mínima. Quem pretender receber uma prestação de R$ 998,00 e não pensar na desaparecida aposentadoria por tempo de contribuição (concepção do RGPS e dos RPPS), se inscreverá nesse sistema.

Regras de comunicação

As regras de comunicação entre o SEII e o RGPS ou os RPPS não estão bem definidas na legislação.

Mas, de antemão, sabe-se que se um trabalhador filiado ao SEII pretender ingressar no serviço público e ali computar o tempo de contribuição terá, primeiro, de ingressar no RGPS, ou seja, acrescer 9% do salário de contribuição a todas as mensalidades do período que desejar portar mediante a contagem recíproca de tempo de contribuição.

Aposentadoria superior

Também, se ele desejar se aposentar com um valor superior ao salário mínimo terá de igualmente fazer a mesma complementação. Tal procedimento o faz deixar o SEII e ingressar no RGPS.

Alíquota de contribuição

Visando estimular a aproximação do trabalhador informal à Previdência Social, é estabelecida uma alíquota de 11%, que incide sobre o salário mínimo.

Tecnicamente, ela seria suficiente para cobrir todas as prestações de riscos imprevisíveis e a aposentadoria por idade. Teoricamente, suscita um contrassenso que consiste em saber que os cerca de 10 milhões de filiados ao RGPS com direito ao salário mínimo geram uma contribuição de 8% + 20% = 28%.

Base de cálculo

A base de cálculo é única: o salário mínimo. Não se imagina que uma pessoa exerce uma dupla ou tripla atividade informal; se isso acontecer, a filiação, a inscrição e a contribuição continuarão sendo as únicas.

Acréscimos legais

Quem pagar contribuições em atraso arcará com os juros de 0,5% e multa de 10%.

Benefícios previstos

Com exceção da aposentadoria por tempo de contribuição, a despeito da pequena contribuição estão à disposição do filiado ao SEII todas as demais prestações do RGPS. Ainda que não haja contribuição específica, fará jus às prestações acidentárias.

Aposentadoria por tempo de contribuição

Caso o filiado ao SEII pretender transformar o seu tempo de serviço em tempo de contribuição e assim fazer jus à aposentadoria por idade, deverá complementar a contribuição mensal de 11% do salário mínimo com 9% da mesma base de cálculo, preteritamente (pelo tempo que escolher). E recolhendo 20% desde quando decidir para frente.

Nestas condições, ficará assemelhado a um segurado do RGPS que sempre pagou pelo salário mínimo. Assemelhado, mas não igual, porque a sua renda mensal inicial não terá cálculo nem aplicação do fator previdenciário, supondo-se que ela ocorra após 35 anos de contribuição (homem) e 30 anos de contribuição (mulher).

Ao falar em "exclusão do direito ao benefício da aposentadoria por tempo de contribuição", que lembra o art. 18 do PBPS, fica a impressão de que esse filiado ao SEII, se demonstrar os pressupostos legais, terá direito à aposentadoria especial e à do professor. Claro, sempre com renda mensal de um salário mínimo.

Proteção da dona de casa

A Lei n. 12.154/12 criou o Regime de Previdência da Dona de Casa — (RPDC), mediante a qual algumas pessoas ali definidas podem contribuir com 5% e obterem benefícios do salário mínimo.

Confusão vernacular

Desde 1835, a previdência brasileira prevê a figura de um segurado facultativo, que contribui com 20% de um salário de contribuição de sua escolha e faz jus a praticamente todas as prestações do RGPS.

O ingresso no SEII e no RPDC é facultativo e daí surgem dúvidas, mas essas pessoas não são o facultativo do RGPS (este não trabalha).

Atividade simultânea

Não há previsão para a hipótese de dupla atividade desses trabalhadores.

56. VALOR DO BENEFÍCIO DOS INFORMAIS

Art. 201.

(...)

"**§ 13. A aposentadoria concedida ao segurado de que trata o § 12 terá valor de 1 (um) salário mínimo.**"

Por conseguinte, a pensão por morte não passará desse mesmo valor (exceto na figura da concorrência de duas famílias, quando sucede uma divisão).

Não há razão lógica para afirmar peremptoriamente que esse *quantum* tenha que ser sempre um salário mínimo.

Por que não dizer que salário mínimo é apenas o mínimo, pois eventualmente alguns desses segurados poderão ter um salário de benefício superior.

Para isso bastaria que ingressassem e saíssem do Regime Geral por algum tempo, por sinal um cenário pouco disciplinado na legislação previdenciária.

No caso da aposentadoria por invalidez, esse dispositivo constitucional será um embaraço para a concessão dos 25% (PBPS, art. 45), mas, sem embargo, esse empecilho não existe porque são situações distintas.

Se ficar impressionado com esse patamar é possível que o legislador ordinário regulamentador negue o abono anual para tais pessoas.

Submetido ao mesmo valor, por fim sempre será difícil explicar por que a contribuição das donas de casa é de 5% e a dos demais informais chega a 11%.

57. TEMPO FICTÍCIO

Art. 201.

(...)

"§ 14. É vedada a contagem de tempo de contribuição fictício para efeito de concessão dos benefícios previdenciários e de contagem recíproca."

O conceito de tempo fictício é nebuloso, convindo exemplificá-lo em vez de tentar defini-lo. Curiosamente, o legislador o chama de tempo de contribuição ainda que ele não exista.

Diz o art. 5º, § 1º, do RPS:

"Entende-se como tempo de contribuição fictício todo aquele considerado em lei anterior como tempo de serviço, público ou privado, computado para fins de concessão de aposentadoria sem que haja, por parte de servidor ou segurado, cumulativamente, a prestação de serviço e a correspondente contribuição social."

Para o parágrafo único do art. 53 da Orientação Normativa SPS n. 2/02:

"Entende-se por tempo de contribuição fictício todo aquele considerado em lei como tempo de contribuição para fins de concessão de aposentadoria sem que haja, por parte do servidor, a prestação de serviço e a correspondente contribuição, cumulativamente."

A Instrução Normativa SEAP n. 5/99 resume:

1) tempo contado em dobro da licença-prêmio por assiduidade não-gozada;

2) tempo contado em dobro do serviço prestado às Forças Armadas em operações de guerra, de acordo com o disposto no art. 103, § 2º, da Lei n. 8.112/90;

3) acréscimo de 1/3 (um terço) a que se refere o art. 137, inciso VI, da Lei n. 6.880/80, ao tempo de serviço militar para cada período consecutivo ou não de 2 (dois) anos de efetivo serviço passados pelo militar nas guarnições especiais da Categoria "A", a partir da vigência da Lei n. 5.774/71;

4) acréscimo ao tempo de serviço exercido em atividades perigosas, insalubres ou penosas, com fundamento no art. 9º da Lei n. 5.890/73, no art. 57 do PBPS, e no art. 64 do Decreto n. 2.172/97;

5) período a que se refere o art. 7º do Decreto-lei n. 465/69, em que o servidor foi colocado à disposição de instituições federais de ensino, para exercer o magistério em regime de dedicação exclusiva;

6) tempo em que o candidato, inclusive servidor público, esteve participando de curso de formação relativo à segunda etapa de concurso público, sem que tenha havido contribuição para qualquer regime de previdência;

7) tempo em que o servidor esteve exonerado, demitido, despedido ou dispensado de seu cargo ou emprego, nas hipóteses previstas na Lei n. 8.878/94, sem contribuição para nenhum regime de previdência; e

8) tempo em que o servidor esteve aposentado, sem contribuição para nenhum regime de previdência.

A disciplina do tempo fictício deixou de comparecer na versão final.

58. ACUMULAÇÃO DE PRESTAÇÕES

Art. 201.

(...)

"§ 15. Lei complementar estabelecerá vedações, regras e condições para acumulação de benefícios previdenciários."

Pela primeira vez a Constituição Federal fixa um comando (que deveria situar-se no corpo de lei ordinária, como acontece com o art. 124 do PBPS) que cuida da percepção simultânea de benefícios e o faz sem preocupação com a multiplicidade de filiações, inscrições e contribuições subsistentes no Sistema Nacional de Previdência Social.

Imagina-se que, no mínimo, em razão do princípio da contrapartida, a lei ordinária terá de reger a situação das contribuições vertidas para cobertura de prestações vedadas.

Elas deveriam acrescer os salários de contribuição da filiação ao que deveriam somadas aos salários de contribuição de filiação que gera benefício, ou, então, serem restituídas na forma de um pecúlio em dinheiro de pagamento único.

Caso contrário, ter-se-á contestação política ou judicial capaz de criar insatisfações entre os beneficiários.

O texto remete a acumulações de prestações previdenciárias e não inclui as assistenciárias ou pensões não previdenciárias que, de resto, têm regras próprias.

Vedações são impedimentos, assim, logicamente é impossível auferir dois benefícios de mesma natureza como os substituidores de salários (aposentadoria por idade e a aposentadoria especial).

Regras são ditames que especificam quando podem ocorrer.

Na versão original da PEC n. 6/19, tal raciocínio valeria para a contagem recíproca, com isso querendo-se dizer que um tempo de contribuição computado num regime não poderá será aproveitado em outro cumulativamente, mas a parte final do preceito foi eliminada.

59. APOSENTADORIA COMPULSÓRIA

Art. 201.

(...)

"**§ 16. Os empregados dos consórcios públicos, das empresas públicas, das sociedades de economia mista e das suas subsidiárias serão aposentados compulsoriamente, observado o cumprimento do tempo mínimo de contribuição, ao atingir a idade máxima de que trata o inciso II do § 1º do art. 40, na forma estabelecida em lei.**"

A Carta Magna tem disposição expressa sobre a aposentadoria compulsória do servidor (art. 40, § 1º, II), convindo recordar que os antigos 70 anos foram majorados para 75 anos *ex vi legis* da LC n. 152/15 (art. 2º).

Ela não adota o critério do PBPS, da idade máxima de 70 anos.

Dispôs sobre esse benefício quando um empregado fizer parte de consórcios públicos, empresas públicas, sociedades de economia mista e das suas subsidiárias — pertencentes ao regime privado — observado um tempo mínimo de contribuição.

Curiosamente, a idade remetida não observou o art. 51 do PBPS e, assim, as mulheres têm de ser setuagenárias e, com isso, revogou esse dispositivo em relação a essa clientela protegida, opondo-se à igualdade dos trabalhadores.

Todavia, diferentemente do benefício do servidor e do trabalhador, impõe uma condição de que o trabalhador detenha tempo mínimo a ser explicitado por lei complementar futura.

TOMO VI — PREVIDÊNCIA COMPLEMENTAR

60. PREVIDÊNCIA PRIVADA DOS ENTES ESTATAIS

Art. 202.

(...)

"§ 4º Lei Complementar disciplinará a relação entre a União, Estados, Distrito Federal ou Municípios, inclusive suas autarquias, fundações, sociedades de economia mista e empresas controladas direta ou indiretamente, enquanto patrocinadores de planos de benefícios previdenciários, e as entidades de previdência complementar."

O *caput* e os três primeiros incisos do art. 202 ditam:

"O regime de previdência privada, de caráter complementar e organizado de forma autônoma em relação ao regime geral de previdência social, será facultativo, baseado na constituição de reservas que garantam o benefício contratado, e regulado por lei complementar.

§ 1º A lei complementar de que trata este artigo assegurará ao participante de planos de benefícios de entidades de previdência privada o pleno acesso às informações relativas à gestão de seus respectivos planos.

§ 2º As contribuições do empregador, os benefícios e as condições contratuais previstas nos estatutos, regulamentos e planos de benefícios das entidades de previdência privada não integram o contrato de trabalho dos participantes, assim como, à exceção dos benefícios concedidos, não integram a remuneração dos participantes, nos termos da lei.

§ 3º É vedado o aporte de recursos a entidade de previdência privada pela União, Estados, Distrito Federal e Municípios, suas autarquias, fundações, empresas públicas, sociedades de economia mista e outras entidades públicas, salvo na qualidade de patrocinador, situação na qual, em hipótese alguma, sua contribuição normal poderá exceder a do segurado."

Este tema foi amplamente regrado na vigente LC n. 109/01, de onde o emendador tirou as informações e praticamente repetiu a ementa.

A LC n. 109/01 é a lei básica da previdência particular (*Comentários à Lei Básica da Previdência Complementar*. São Paulo: LTr, 2003). Ela substituiu a vetusta Lei n. 6.435/77 e regulamentou o art. 202 da Carta Magna em sua versão original de 1998.

Os empreendimentos envolvidos, além dos órgãos públicos típicos (como os componentes da Administração direta e indireta), são as entidades usualmente designadas como estatais, entre as quais fundações públicas, sociedades de economia mista e também empresas privadas controladas pelo Estado.

Esses órgãos serão considerados, nesta regulamentação, na condição de patrocinadores dos planos de benefícios, figura conhecida como sociedade civil, instituto, montepio, empresa previdenciária e, simplesmente, entidade ou fundação, e genericamente designadas como Entidade Fechada de Previdência Complementar (EFPC).

Foram excluídas as instituidoras como é o caso da OABprev.

Quando o legislador alude à previdência social naturalmente ele exclui as entidades de previdência privada aberta e seguradora.

Vale ressaltar que, invocados o *caput* e os três incisos mantidos, continua sem garantia de solidariedade do Estado e aumenta a subordinação ao Governo.

61. INCLUSÃO DE PERMISSIONÁRIA OU CONCESSIONÁRIA

Art. 202.

(...)

"§ 5º A Lei complementar de que trata o § 4º anterior aplicar-se-á, no que couber, às empresas permissionárias ou concessionárias de prestação de serviços públicos, quando patrocinadoras de planos de benefícios em entidades de previdência complementar."

Num estado descentralizador como o brasileiro, em termos de Municípios e Estados, incluído o Distrito Federal, o número de permissionárias ou concessionárias é enorme.

Insitamente pertencem à iniciativa privada, sendo consabido que em alguns casos são sede de ilícito praticados contra o erário.

Este comando constitucional está destinado a ser letra morta ou não terá aplicabilidade se o regulamento do dispositivo não explicitar bem o que quis dizer com "no que couber", pois a previdência social dos seus trabalhadores é o RGPS e na maioria dos casos não terá necessidade de invocá-lo.

Quase todos os questionamentos têm norma explícita na LC n. 109/01 e na LC n. 108/01.

62. DIRETORIA DAS ENTIDADES FECHADAS

Art. 202.

(...)

"§ 6º Lei complementar estabelecerá os requisitos para a designação dos membros das diretorias das entidades fechadas de previdência complementar instituídas pelos patrocinadores de que trata o § 4º e disciplinará a inserção dos participantes nos colegiados e instâncias de decisão em que seus interesses sejam objeto de discussão e deliberação."

Diante da relevante importância das EFPC, esta disposição é sempre bem-vinda, revela a preocupação do emendador em que os membros das diretorias sejam profissionais preparados para essa significativa função.

Reza o *caput* do art. 56 da LC n. 109/01 e seus seis primeiros parágrafos:

"As entidades fechadas deverão manter estrutura mínima composta de conselho deliberativo, conselho fiscal e diretoria-executiva.

1º O estatuto deverá prever representantes dos participantes e assistidos nos conselhos deliberativo e fiscal e assegurar no mínimo um terço das vagas.

§ 2º Na composição dos conselhos deliberativo e fiscal das entidades qualificadas como multipatrocinadas, ser considerado, ao número de participantes vinculados a cada patrocinador ou instituidor, bem como o montante dos respectivos patrimônios.

§ 4º Os membros do conselho deliberativo ou do conselho deverão atender aos seguintes requisitos:

I — comprovada experiência no exercício de atividade nas áreas financeira, administrativa, contábil, jurídica, de fiscalização ou de auditoria.

II — não ter sofrido penalidade administrativa por infração da legislação da seguridade social ou como servidor público.

§ 4º Os membros da diretoria-executiva deverão ter formação de nível superior e atenderão aos requisitos do parágrafo anterior.

§ 5º Será informado ao órgão regulador e fiscalizador os responsáveis pelas aplicações dos recursos da entidade, escolhido entre os membros da diret0ria-executiva.

§ 6º Os demais membros da diretoria-executiva responderão solidariamente com o dirigente indicado na forma do parágrafo anterior pelos danos e prejuízos causados à entidade para os quais tenham concorrido."

Quer dizer, a lei básica da previdência complementar praticamente esgotou as disposições relativas aos órgãos gestores das entidades fechadas.

TOMO VII — ATO DAS DISPOSIÇÕES CONSTITUCIONAIS TRANSITÓRIAS

63. DESVINCULAÇÃO DAS RECEITAS DA UNIÃO

Art. 76.

(...)

"§ 4º A desvinculação de que traga o *caput* não se aplica às receitas das contribuições sociais destinadas ao custeio da seguridade social."

O *caput* do art. 76 trata da indigitada Desvinculação da Receita da União (DRU).

Ele dita:

"São desvinculados de órgão, fundo ou despesa, até 31 de dezembro de 2023, 30% (trinta por cento) da arrecadação da União relativa às contribuições sociais, sem prejuízo do pagamento das despesas do Regime Geral da Previdência Social, às contribuições de intervenção no domínio econômico e às taxas, já instituídas ou que vierem a ser criadas até a referida data."

É bastante evidente a mudança no texto agora vigente.

Criada em 1990, com 20%, sob o título de Fundo Social de Emergência (FSE) e tido como constitucional pelo STF (Recurso Extraordinário n. 566.007/2014/RS), segundo o Valor Econômico, com essa medida a base de incidência da DRU ficará reduzida em 93%.

Para o Instituto Fiscal Independente (IFI) essa exclusão é inócua ("Proposta de fim da DRU pode ser inócua, avalia diretor do IFI" in Senado.Notícias).

Cassius Marques corrobora esse entendimento ("A DRU e o falso déficit da Previdência Social" in JUSbrasil).

TOMO VIII – DIREITO ADQUIRIDO DO SERVIDOR

64. TEMPUS REGIT ACTUM

Art. 3º

"A concessão de aposentadoria ao servidor público federal vinculado a regime próprio de previdência social e ao segurado do Regime Geral de Previdência Social e de pensão por morte aos respectivos dependentes será assegurada, a qualquer tempo, desde que tenham sido cumpridos os requisitos para obtenção destes benefícios até a data de entrada em vigor desta Emenda Constitucional, observados os critérios da legislação vigente na data em que foram atendidos os requisitos para a concessão da aposentadoria ou da pensão por morte."

A EC n. 103/19 suscita questionamentos relativos à pretensão jurídica em decorrência de alteração da legislação constitucional, ao direito e ao direito adquirido, que devem ser apreciados.

Súmula STF n. 359

Garantido constitucionalmente, em dicção que desvenda a preocupação de poder ser ofendido como mandamento fundamental do ordenamento jurídico, o direito adquirido é uma conquista do cidadão em face da organização social, da validade da ordem legal e dos percalços gerados por interpretações equivocadas de quem está funcionalmente obrigado a definir a pretensão dos indivíduos.

A Súmula STF n. 359 pontua:

"Ressalvada a revisão prevista em lei, os proventos da inatividade regulam-se pela lei vigente ao tempo em que o militar, ou o servidor civil, reuniu os requisitos necessários."

Aplicando a idealização de Carlo Francesco Gabba, ela pôs fim às celebérrimas discussões sobre qual norma a ser praticada quando de direitos substanciados antes do decurso do tempo: se a revogada ou vigente.

Nesta rara condensação sobre o assunto, *pari passu* com a teoria jurídica e o ordenamento nacional, o STF consagrou a potencialidade de o legislador — seja constitucional ou ordinário — legitimamente justificado por elemento pré-jurídico, inovar em relação à regulamentação das instituições sociais, aumentando ou diminuindo as prestações, extinguindo-as ou adaptando-as, enfim, aperfeiçoando o regime em algum momento histórico.

Elegeu-se o critério da lei vigente ao tempo da reunião dos pressupostos como referência para contrastar com as normas supervenientes modificadoras nas hipóteses de redução de vantagens ou direitos. Não obsta, com isso, o surgimento de alterações posteriores a essa ocasião; tão somente preserva os direitos de quem atendeu aos requisitos legais.

Exigência do exercício

Um exercício (requerimento do benefício) seria imposição para a configuração do direito simples, mas o direito adquirido dispensa tal procedimento (vale dizer, ter de solicitar a prestação assim que preenchidos os requisitos legais), de modo que o que distingue um do outro é exatamente o não exercício *opportune tempore* ou após a mudança para piorar a situação do beneficiário.

Distinto do simples interesse ou faculdade, não pode ser alterado. Exceto — em situação excepcionalíssima — se tal exercício afetar o arcabouço próprio do sistema protetivo.

Garantia sem a qual seria impossível a ordem jurídica e também conquista política, em nenhuma hipótese se sujeita a qualquer ataque.

Conclusões preliminares

Em razão de um postulado bem superior, imprescritibilidade dos benefícios, em face de outro preceito igualmente elevado, liberdade de trabalhar, particularmente em razão das prestações levarem em conta contribuições mensalizadas, definindo-se seu montante em função do curso do tempo, e serem, por seu turno, de fruição sucessiva, propõe-se a questão do domínio do bem jurídico em relação às partes constituintes. Ou seja, período básico de cálculo, salário de benefício, percentuais, renda inicial etc., quando presentes distintas situações.

Princípio jurídico e, ao mesmo tempo, fundamento político, na prática resguarda a tranquilidade jurídica e social. Globalmente, o exame histórico da legislação previdenciária revela ter sido razoavelmente respeitado. Em inúmeras oportunidades, o legislador ordinário o consagrou, cumprindo a Carta Magna e a Lei de Introdução ao Código Civil.

O exame do direito adquirido em concretude pressupõe a perquirição da dinâmica do elo jurídico estabelecido entre o órgão gestor e os beneficiários, desde o surgimento da relação até sua extinção. Com vistas à faculdade propriamente dita — o vínculo fundamental entre a pessoa e o benefício (ele consubstancia, em última análise, a razão de ser da previdência social) —, o liame evolui por diferentes patamares na sua consolidação, desde o estágio inicial (inexistência de qualquer domínio) até a fase final (perecimento total), consoante suas várias etapas: inexistência do direito, pretensão, expectativa, direito e direito adquirido, e desaparecimento.

Direito adquirido é expressão do direito propriamente dito, porém qualificado em face do não exercício a tempo ou diante do advento de lei modificadora. Quando norma legal diminui o poder em si ou de suas partes integrantes, cogita-se da presença do direito adquirido.

Simples direito ou direito simples corresponde à posição do titular após o preenchimento dos requisitos legais. Quem atende às exigências da lei e à prova faz jus. Tal condição deve ser cifrada a certo bem específico, pois ele pode estar cumprindo os pressupostos de um benefício e não de outro.

O direito adquirido é pensamento distinto desse direito simples. Em princípio, dele se cogita por ocasião da diminuição de vantagens anteriormente asseguradas e não usufruídas. Principalmente, em duas hipóteses, são válidas essas considerações: a) não utilização do bem quando ele é possível, comum ou esperado pelo legislador; e b) superveniência de norma ou ato modificador das características anteriores.

65. CÁLCULO DO DIREITO DO SERVIDOR

> Art. 3º
>
> (...)
>
> "§ 1º Os proventos de aposentadoria devidos ao servidor público a que se refere o *caput* e as pensões por morte devidas aos seus dependentes serão calculados e reajustados de acordo com a legislação em vigor à época em que foram atendidos os requisitos nela estabelecidos para a concessão destes benefícios."

Sabendo do preceituado no *caput*, o emendador limitou-se a esclarecer que as prestações por ele asseguradas se reportam tão somente ao cálculo da RMI e aos reajustamentos.

Toda a teoria amplamente antes exposta aqui se aplica sem demandar maiores esclarecimentos.

Teria o emendador petrificado o critério de reajustamento à Data de Entrada do Requerimento (DER)? Julga-se que a aplicação da norma da época somente diga respeito aos cálculos e não se estende aos critérios de reajustamento dos benefícios.

Época da reunião dos requisitos (quando caracteriza o direito) é uma coisa e DER é outra coisa (direito adquirido).

Numa interpretação restritiva dir-se-ia que tais critérios se louvariam na data de preenchimento dos requisitos (que não é necessariamente na DER), o que parece absurdo.

Dentre tantos, é curioso observar que a legislação previdenciária nunca estipulou qual deve ser o indexador oficial e atribuiu ao Poder Executivo a escolha daquele que decide ser o melhor.

66. DIREITO ADQUIRIDO DO TRABALHADOR

Art. 3º

(...)

"§ 2º Os proventos de aposentadoria devidos ao segurado a que se refere o *caput* e as pensões por morte devidas aos seus dependentes serão apurados de acordo com a legislação em vigor à época em que foram atendidos os requisitos nela estabelecidos para a concessão desses benefícios."

No § 2º o emendador repete o § 1º em relação aos servidores públicos.

O início da oração alude ao servidor, fato confirmado pelo uso da expressão "proventos".

A redação parece cópia do *caput*, mas aquele trata coletivamente do servidor e do trabalhador e aqui cuida apenas do servidor.

67. ABONO DE PERMANÊNCIA

Art. 3º

(...)

"**§ 3º Até que entre em vigor lei federal de que trata o § 19 do art. 40 da Constituição Federal, o servidor de que trata o *caput* que tenha cumprido os requisitos para aposentadoria voluntária com base no disposto na alínea "a" do inciso III do § 1º do art. 40 da Constituição Federal, na redação vigente até a data de entrada em vigor desta Emenda Constitucional, no art. 2º, no § 1º do art. 39 ou no art. 6º da Emenda Constitucional n. 41, de 2003, ou no art. 39 da Emenda Constitucional n. 47, de 2005, que optar por permanecer em atividade, fará jus a um abono de permanência equivalente ao valor da sua contribuição previdenciária, até completar a idade para aposentadoria compulsória."**

Todos os servidores ora arrolados terão direito ao abono de permanência.

O emendador deixou claro quem tem direito à dispensa das contribuições, em relação a três momentos:

a) quem atende os requisitos legais até a véspera da EC n. 103/19;

b) antes da EC n. 41/03; e

c) da EC n. 47/05.

TOMO IX — TRANSIÇÃO DO SERVIDOR

68. INGRESSO ANTERIOR À EC N. 103/19

Art. 4º

"O servidor público federal que tenha ingressado no serviço público em cargo efetivo até a data de entrada em vigor desta Emenda Constitucional poderá aposentar-se voluntariamente quando preencher, cumulativamente, os seguintes requisitos:

I — 56 (cinquenta e seis) anos de idade, se mulher, e 61 (sessenta e um) anos de idade, se homem, observado o disposto no § 1º;

II — 30 (trinta) anos de contribuição, se mulher, e 35 (trinta e cinco) anos de contribuição, se homem;

III — 20 (vinte) anos de efetivo exercício no serviço público;

IV — 5 (cinco) anos no cargo efetivo em que se der a aposentadoria;

V — somatório da idade e do tempo de contribuição, incluída as frações equivalentes a 86 (oitenta e seis) pontos, se mulher, e 96 (novena e seis) pontos, se homem, observado o disposto nos §§ 2º e 3º."

Para o servidor que ingressou na previdência social antes de 13.11.19 e ter direito à aposentadoria por tempo de contribuição (NB-42), em uma exigência que recorda a Fórmula 95 de acordo com o inciso V, será necessário que a soma da sua idade e do seu tempo de contribuição totalizem 86 pontos (mulher) e 96 pontos (homem).

Sendo que, a partir de 1º.1.22, a idade mínima será elevada para 57 anos (mulher) e 62 anos (homem), conforme o § 1º desse art. 4º.

A partir de 1º.1.20, o total de pontos a cada ano será acrescido um ponto, até chegar a 100 pontos (mulher) e 105 pontos (homem).

Para o cálculo da mencionada admissão de pontos, o tempo de contribuição será apurado em dias a que se refere o inciso V do *caput*.

Para o homem, exemplificativamente, importa ressaltar que não basta deter a idade (61 anos), o tempo de contribuição (35 anos), período de efetivo no serviço público (20 anos) e no cargo (5 anos) referidos nos incisos I e IV — o servidor terá de atender a Fórmula 85/95 que, em 2019, era de 86/96 pontos.

Exemplo: segurado com 61 anos de idade e 35 anos de contribuição em 2019.

61 + 35 = 96 pontos.

Ele atendeu ambos os requisitos numéricos.

Outro exemplo: para o homem, os mesmos requisitos anteriores completados em 2020.

61 + 35 = 96 pontos.

Nesse momento, não faz jus porque são exigidos 97 pontos.

69. AUMENTO DA IDADE MÍNIMA

> Art. 4º
>
> (...)
>
> "§ 1º A partir de 1º de janeiro de 2022, a idade mínima a que se refere o inciso I do *caput* será de 57 (cinquenta e sete) anos de idade, se mulher, e 62 (sessenta e dois) anos de idade, se homem."

Sempre nesta regra de transição, quer dizer que no ano de 2022 a idade mínima exigida da mulher será de 57 anos e a do homem de 62 anos, permanecendo nesses patamares daí para frente até que se esgote o estoque de pessoas com direito.

Entrementes, vale consultar o que dispõe o § 2º que aumenta significativamente a pontuação até chegar a 100 pontos para a mulher e 105 pontos para o homem.

Esta exigência decorre da presunção de que a expectativa de sobrevida do brasileiro continue crescendo aritmeticamente.

Note-se que 30 anos de contribuição, da segurada, mais 57 anos de idade somam 87 pontos e do segurado chega a 97 pontos para os homens.

Vale dizer, mantém-se a tradicional aposentadoria por tempo de contribuição (NB-42), porém, com limites de idade variáveis.

Como ressaltado em várias oportunidades, lembra-se o pressuposto desta regra de transição: a de que a expectativa de vida do aposentado continuará crescendo ininterruptamente, o que pode não corresponder à verdade.

Se não detiver qualificação profissional adequada, outro fato relevante é que os desempregados, especialmente depois de 2008, com essa idade, têm enormes dificuldades de obter novo posto de trabalho.

Por outro lado, o comando silenciou sobre o cálculo da RMI, se observa a técnica anterior relativa aos percentuais.

70. MAJORAÇÃO DA PONTUAÇÃO

Art. 4º

(...)

"§ 2º A partir de 1º de janeiro de 2020, a pontuação a que ser refere o inciso V do *caput* será acrescida a cada ano de l (um) ponto, até atingir o limite de 100 (cem) pontos, se mulher, e de 105 (cento e cinco) pontos, se homem."

Repete-se *ad nauseam*. O emendador acredita que a expectativa de sobrevida do brasileiro aumentará sempre e segundo uma progressão ritmada, o que pode não corresponder à realidade demográfica do futuro.

A tendência é a qualidade de vida diminuir, a despeito dos avanços da medicina e, se isso se confirmar, a sobrevida diminuirá.

Hoje em dia, os idosos não estão conseguindo financiar a assistência à saúde particular (planos de saúde) com o valor da aposentadoria e é consabido que o atendimento oficial não é satisfatório.

A inflação médica não para de crescer e, por conseguinte, bem adiante talvez se tenha de pensar em alterar esses números de pontos, invertendo a pontuação.

Crê-se que a dosagem foi um tanto exagerada em matéria de regra de transição.

Imagine-se que quando exigidos 105 pontos, segurado com 40 anos de contribuição terá de ter 65 anos de idade, que equivalerá à aposentadoria programada, vale dizer, a regra permanente antes comentada.

71. CÁLCULO DO TEMPO DE CONTRIBUIÇÃO

Art. 4º

(...)

"**§ 3º A idade e o tempo de contribuição serão apurados em dias para o cálculo do somatório de pontos a que se referem o inciso V do** *caput* **e o § 2º.**"

Não existem normas legais específicas sobre essa apuração, abrindo-se espaço para a interpretação.

Uma solução prosaica: colocar a data final do período considerado em cima e a data inicial embaixo, como indicado e, ao resultado, acrescer 1 dia.

Se a admissão de um empregado foi em 31.1.12 e a demissão for 1º.2.12, no dia seguinte, por este método, daria 0 (zero) dias, mas o segurado realmente trabalhou 2 (dois) dias.

$$\begin{array}{r} 01\ 02\ 12 \\ \underline{31\ 01\ 12} \\ 00\ 00\ 00 \end{array}$$

Um caso simples.

$$\begin{array}{r} 11\ 12\ 80 \\ -\underline{08\ 10\ 77} \\ 03\ 02\ 03 \end{array}$$

Um caso complicado.

         14
    45 15 79
    15 03 80
    27 06 78
    18 08 01

Como 03 (março) é menor do que 6 (junho) e 15 dias é menor do que 27 dias, temos de ajudar essa fórmula. Tiram-se 12 meses de 1980, que ficará 1979.

Então, somam-se tais 12 meses com 03 e ter-se-ão 15 meses (que permite para diminuir os 6 meses).

Bem, mas 15 ainda é menos do que 17.

Logo, tomam-se 30 dias dos meses que ficarão com 14 meses e somam-se esses 30 dias com os 15, ficando com 45, que admitirá diminuição com 17 dias.

O resultado será: 1 ano, 8 meses e 19 dias.

72. APOSENTADORIA DO PROFESSOR

> Art. 4º
>
> (...)
>
> "§ 4º Para o titular do cargo de professor que comprovar exclusivamente tempo de efetivo exercício das funções de magistério na educação infantil e no ensino fundamental e médio, os requisitos de idade e de tempo de contribuição de que tratam os incisos I e II do *caput* serão:
>
> I — 51 (cinquenta e um) anos de idade, se mulher, e 56 (cinquenta e seis anos) de idade, se homem;
>
> II — 25 (vinte e cinco) anos de contribuição, se mulher, e 30 (trinta) anos de contribuição, se homem; e
>
> III — 52 (cinquenta e dois) anos de idade, se mulher, e 57 (cinquenta e sete) anos de idade, se homem, a partir de 1º de janeiro de 2022."

A fixação de limite mínimo de idade, inovando, gerou problemas e vai produzir algumas celeumas doutrinárias e jurisprudenciais para quem começar a lecionar logo que se habilitou para isso. O tema não se esgotou com isso.

Uma menção ao "titular" não deve descartar a validade da aplicação do preceito em relação ao professor não titular, caso do substituto.

Imagine-se uma professora que começou a dar aulas com 20 anos de idade e que chegou aos 25 anos de magistério com 45 anos de idade. Nesse momento não vai poder se aposentar porque lhe faltam 6 anos de idade. Continuará lecionando, fará outra coisa ou esperará o tempo passar...

Curiosamente, os incisos I e II falam em tempo de contribuição, que não deve ser confundido com tempo de magistério, devendo-se entender este último conceito.

O inciso III aumenta a idade mínima, acentuando as dificuldades antes apontadas.

73. MAJORAÇÃO DA PONTUAÇÃO

Art. 4º

(...)

"§ 5º O somatório da idade e do tempo de contribuição de que trata o inciso V do *caput* para as pessoas a que se refere o § 4º, incluídas as frações, será de 81 (oitenta e um) pontos, se mulher, e 91 (noventa e um) pontos, se homem, aos quais serão acrescidos, a partir de 1º de janeiro de 2020, 1 (um) ponto a cada ano, até atingir o limite de 92 (noventa e dois) pontos, se mulher, e de 100 (cem) pontos, se homem."

Como visto, o mencionado § 4º disciplina a aposentadoria do professor e fixa a idade mínima, tempo de contribuição e majoração daquela idade mínima.

Por seu turno, o inciso V impõe a Fórmula 85/95, já referindo a modalidade 86/96 para 2019, como mais um requisito.

Este § 5º majora os pontos correspondentes para o homem e à mulher a partir de 2020, acrescendo um ponto por ano até chegar a um máximo de 92 pontos (mulher) e 100 pontos (homem).

74. VALOR DOS PROVENTOS

Art. 4º

(...)

"§ 6º Os proventos das aposentadorias concedidas nos termos do disposto neste artigo corresponderão:

I — à totalidade da remuneração do servidor público no cargo efetivo em que se der a aposentadoria, observado o disposto no § 8º, para o servidor público que tenha ingressado no serviço público em cargo efetivo até 31 de dezembro de 2003 e que não tenha feito a opção de que trata o § 16 do art. 40 da Constituição Federal, desde que se tenha, no mínimo, 62 (sessenta e dois) anos de idade, se mulher, e 65 (sessenta e cinco) anos de idade, se homem, ou, para os titulares do cargo de professor de que trata o § 4º, 57 (cinquenta e sete) anos de idade, se mulher, e aos 60 (sessenta) anos de idade, se homem;

II — ao valor apurado na forma da lei, para o servidor público não contemplado no inciso I."

O emendador prevê dois grupos de servidores:

I) os longamente descritos no inciso I; e

II) quem não atende os requisitos desse inciso I.

Para fazer jus a 100% dos vencimentos (usualmente designada como integralidade), o servidor terá de cumprir vários requisitos.

a) remuneração conforme a definição do § 8º;

b) ter ingressado no serviço público antes até 31.12.03 (EC n. 41/03);

c) não ter feito a opção do art. 40, § 16; e

d) possuir 62 anos (mulher) e 65 anos (homem).

Se professor, será de 57 anos (mulher) e 60 anos (homem).

O aludido § 16 do art. 40 reza:

"Somente mediante sua prévia e expressa opção, o disposto nos §§ 14 e 15 poderá ser aplicado ao servidor que tiver ingressado no serviço público até a data da publicação do ato de instituição do correspondente regime de previdência complementar."

75. PISO MÍNIMO DOS PROVENTOS

Art. 4º

(...)

"§ 7º Os proventos das aposentadorias concedidas nos termos do disposto neste artigo não serão inferiores ao valor a que se refere o § 2º do art. 201 da Constituição Federal e serão reajustados:

I — de acordo com o disposto no art. 7º da Emenda Constitucional n. 41, de 19 de dezembro de 2003, se cumpridos os requisitos previstos no inciso I do § 6º; ou

II — nos termos estabelecidos para o Regime Geral de Previdência Social, na hipótese prevista no inciso II do § 6º."

Pontua o mencionado § 2º:

"Nenhum benefício que substitua o salário de contribuição ou o rendimento do trabalho do segurado terá valor mensal inferior ao salário mínimo."

Esse preceito justifica comentários particulares. No caso do auxílio-acidente, cujo salário de benefício do auxílio-doença era o salário mínimo, o segurado, autorizado a voltar ao trabalho, recebe 1/2 salário mínimo, até porque, neste caso, não há substituição do salário de contribuição.

No caso de dois dependentes originários de duas famílias distintas que concorram e tenham deferida uma pensão por morte de segurado que recebia o salário mínimo, cada um deles (marido ou mulher ou companheiro ou companheira) receberá 1/2 salário mínimo.

O art. 7º da EC n. 41/03 mandava reajustar os proventos conforme os reajustes dos servidores ativos.

Na hipótese do § 2º, conforme a tradicional e anual atualização dos trabalhadores da iniciativa privada filiados ao Regime Geral (art. 41 do PBPS).

Aqui se propõem duas questões:

a) relevância do nível monetário do salário mínimo, uma vez que repercute em muitíssimas situações; e

b) qual deve ser o indexador ideal. A história mostra que o governo federal alterou a atualização monetária dezenas de vezes e quase sempre sem muitas explicações da escolha.

76. CONCEITO DE REMUNERAÇÃO

Art. 4º

(...)

"§ 8º Considera-se remuneração do servidor público no cargo efetivo, para fins de cálculo dos proventos de aposentadoria com fundamento no disposto no inciso I do § 6º ou no inciso I do § 2º do art. 20, o valor constituído pelo subsídio, pelo vencimento e pelas vantagens pecuniárias permanentes do cargo, estabelecidos em lei, acrescidos dos adicionais de caráter individual e das vantagens pessoais permanentes, observados os seguintes critérios:

I — se o cargo estiver sujeito a variações na carga horária, o valor das rubricas que refletem essa variação integrará o cálculo do valor da remuneração do servidor público no cargo efetivo em que se deu a aposentadoria, considerando-se a média aritmética simples dessa carga horária proporcional ao número de anos completos de recebimento e contribuição, contínuos ou intercalados, em relação ao tempo total exigido para a aposentadoria;

II — se as vantagens pecuniárias permanentes forem variáveis, por estarem vinculadas a indicadores de desempenho, produtividade ou situação similar, o valor dessas vantagens integrará o cálculo da remuneração do servidor público no cargo efetivo, mediante a aplicação, sobre o valor atual de referência das vantagens pecuniárias permanentes variáveis, da média aritmética simples do indicador, proporcional ao número de anos completos de recebimento e da respectiva contribuição, contínuos ou intercalados, em relação ao tempo total exigido para a aposentadoria ou, se inferior, ao tempo total de percepção da vantagem."

A definição do montante da RMI da aposentadoria do servidor é tema de relevância extraordinária, vez que com ele viverá o tempo todo de sua vida e servirá de base de cálculo para eventual pensão por morte outorgada aos seus dependentes.

No âmbito do Regime Geral, isso sempre produziu enormes celeumas, principalmente saber quais as rubricas que integram ou não a base de cálculo da aposentadoria do trabalhador da iniciativa privava. Iguais ônus sucederão nos RPPS.

Nosso primeiro livro *Rubricas Integrantes e não Integrantes do Salário de Contribuição*, publicado pela LTr em 1978, cuida de valores considerados como base de cálculo dos benefícios, tema que, *ex vi* do art. 40, § 12, da Carta Magna, pode ser suscitado na exegese deste § 8º.

Remuneração de servidor é instituto técnico de Direito Administrativo, complexo em sua quintessência porque vários entes federados historicamente têm por hábito instituir uma infinidade de parcelas com natureza variada, algumas nitidamente remuneratórias, outras indenizatórias e até com nuclearidade laboral específica, como abonos, jetons, subsídios e as infindáveis gratificações de toda ordem.

Diante da complexidade e variedade de tons é oneroso explicitar cada um deles.

A menção ao § 6º respeita ao esclarecimento abundante que será o total do pagamento que faça parte do conceito.

O art. 20, § 2º, I, cuida de servidores específicos que ingressaram no serviço público até 31.12.03.

Vencimentos mensais

Vencimentos é um conceito assemelhado à remuneração do trabalhador da iniciativa privada e se compõe de várias partes. É a principal espécie de retribuição de servidor público.

Subsídios específicos

Subsídios não se confundem com vencimentos em razão do titular que os aufere. Constitui uma modalidade de retribuição em parcela única, regida constitucionalmente pelo art. 39, § 4º, que reza:

> "O membro de Poder, o detentor de mandato eletivo, os Ministros de Estado e os Secretários Estaduais e Municipais serão remunerados exclusivamente por subsídio fixado em parcela única, vedado o acréscimo de qualquer gratificação, adicional, abono, prêmio, verba de representação ou outra espécie remuneratória, obedecido, em qualquer caso, o disposto no art. 37, X e XI." (incluído pela EC n. 19/98).

Vantagens permanentes

Vantagens permanentes são acréscimos à remuneração de ordem coletiva contemplados em lei, como é o caso do abono anual, também designado como décimo terceiro salário.

Vantagens pessoais

São as mesmas vantagens permanentes atribuídas a uma categoria de servidores em decorrência de sua função.

Adicionais laborais

Adicionais são expressões amplas e vagas. Vantagens pecuniárias que dependem de causas múltiplas, como as da função, do serviço ou do tempo de serviço.

Variações na carga horária

Existem servidores sujeitos à variação nas cargas horárias, são retribuições que farão parte da remuneração.

Vantagens variáveis permanentes

Elas também integram a remuneração.

77. NORMAS CONSTITUCIONAIS E INFRACONSTITUCIONAIS

Art. 4º

(...)

"§ 9º Aplicam-se às aposentadorias dos servidores dos Estados, do Distrito Federal e dos Municípios as normas constitucionais e infraconstitucionais anteriores à data de entrada em vigor desta Emenda Constitucional, enquanto não promovidas alterações na legislação interna relacionada ao respectivo regime próprio de previdência social."

Até o advento da EC n. 103/19, agora cuidando especialmente dos entes federados específicos (Estados, Distrito Federal e Municípios), observavam normas próprias pertinentes aos diferentes RPPS.

Todos esses entes políticos da República, no que lhes disser respeito, terão de adequar as suas legislações à EC n. 103/19, em prazo não estabelecido.

Entrementes, sob uma obviedade, dita o § 9º que elas continuarão vigentes até a edição da aludida alteração constitucional ocorrida em 12.11.19.

Não poderia ser diferente e o preceito espanca eventuais dúvidas.

Do ponto de vista da organização administrativa, tal disposição pode se tornar letra morta, vez que depende da vontade política dos gestores.

A volição do Ministério da Economia de uniformizar as instituições previdenciárias em todo o país, tomando como paradigma o serviço público federal, corre o risco de não se realizar.

78. EXTENSÃO DO § 9º

"§ 10. Estende-se o disposto no § 9º às normas sobre aposentadoria de servidores públicos incompatíveis com a redação atribuída por esta Emenda Constitucional aos §§ 4º-A, 4º-B e 4º-C do art. 40 da Constituição Federal."

O § 10 amplia a eficácia do § 9º às hipóteses mencionadas abaixo, ele bem que poderia fazer parte do final do próprio § 9º.

Repete-se. São três benefícios que costumamos chamar de aposentadorias específicas para não confundir com a vetusta aposentadoria especial dos trabalhadores expostos aos agentes nocivos relatados nos arts. 57/58 do PBPS e objeto da Súmula Vinculante STF n. 33.

Muito menos com a aposentadoria do professor, às vezes alcunhada de benefício constitucional, por merecer uma disciplina particular em razão da relevância do magistério na construção de um país digno.

No § 4º-A cuida-se da aposentadoria do servidor com deficiência e regulamentada no âmbito do Regime Geral pela LC n. 142/13.

A aposentadoria dos agentes policiais comparece no § 4º-B, consabido que a PEC n. 133/19 pretende num novo tratamento desse benefício. Possivelmente alterando o art. 5º da EC n. 103/19 e comentado a seguir.

Por último, o § 4º-C refere-se à aposentadoria especial propriamente dita, prevista para os servidores de longa data e até hoje sem regulamentação infraconstitucional, forçando os interessados a buscar disciplina com mandados de injunção (Súmula Vinculante STF n. 33).

79. AGENTES POLICIAIS

Art. 5º

"O policial civil do órgão a que se refere o inciso XIV do *caput* do art. 21 da Constituição Federal, o policial dos órgãos a que se referem o inciso IV do *caput* do art. 51, o inciso XIII do *caput* do art. 52 e os incisos I a III do *caput* do art. 144 da Constituição Federal e o ocupante dos cargos de agente federal penitenciário ou socioeducativo que tenham ingressado na respectiva carreira até a data de entrada em vigor desta Emenda Constitucional poderão aposentar-se, na Forma da Lei Complementar n. 51, de 20 de dezembro de 1985, observada a idade mínima de 55 (cinquenta e cinco) anos para ambos os sexos ou o disposto no § 3º.

§ 1º Serão considerados tempo de exercício em cargo de natureza estritamente policial, para os fins do inciso II do art. 1º da Lei Complementar n. 51, de 1985, o tempo de atividade militar nas Forças Armadas, nas polícias militares e nos corpos de bombeiros militares e o tempo de atividade como agente penitenciário ou socioeducativo.

§ 2º Aplicam-se às aposentadorias dos servidores dos Estados de que trata o § 4º-B do art. 40 da Constituição Federal às normas constitucionais e infraconstitucionais anteriores a data de entrada em vigor desta Emenda Constitucional, enquanto não promovidas alterações na legislação interna relacionada ao respectivo regime próprio de previdência social.

§ 3º Os servidores de que trata o *caput* poderão aposentar-se aos 52 (cinquenta e dois) anos de idade, se mulher, e aos 53 (cinquenta três) de idade, se homem, desde que cumprido período adicional de contribuição correspondente ao tempo que, na data de entrada em vigor desta Emenda Constitucional, faltaria para atingir o tempo de contribuição previsto na Lei Complementar n. 51, de 20 de dezembro de 1985."

Em termos de previdência social, é aberto um enorme espaço normativo para diversas categorias de agentes públicos, principalmente os envolvidos com segurança.

Aqui são apreciados aspectos de suas regras previdenciárias.

Nos termos do preceituado, eles terão direito à aposentadoria aos 55 anos de idade. Supõe-se que obrigados ao tempo mínimo de contribuição da LC n. 51/85 (sua lei básica).

Conforme o § 1º, será computado o tempo de exercício do cargo militar nas Forças Armadas, Polícia Militar, Corpo de Bombeiros e agente penitenciário ou socioeducativo.

Particularmente, aplicam-se as normas constitucionais e infraconstitucionais vigentes enquanto não promovidas as alterações na legislação da EC n. 103/19.

Por último, o § 2º abre uma exceção e fixa uma regra de transição para esses profissionais.

80. DESFAZIMENTO DO VÍNCULO FUNCIONAL

Art. 6º

"O disposto no § 14 do art. 37 da Constituição Federal não se aplica a aposentadorias concedidas pelo Regime Geral de Previdência Social até a data de entrada em vigor desta Emenda Constitucional."

Pontua o § 14 do mencionado art. 37 da Lei Maior:

"A aposentadoria concedida com a utilização de tempo de contribuição decorrente de cargo, emprego ou função pública, inclusive do Regime Geral de Previdência Social, acarretará rompimento do vínculo que gerou o referido tempo de contribuição."

Quer dizer, um desfazimento do vínculo funcional com a Administração Pública dos servidores públicos, tomada expressão em seu *lato sensu*.

O dispositivo citado se refere à extinção da relação funcional do trabalhador com a Administração Pública em razão da aposentação que tenha contemplado tempo submetido ao RGPS, normalmente do empregado público (celetistas), e dos comissionados.

Todavia, se a aposentação (ou a reunião dos pressupostos legais decantadores do direito, ainda que sem requerimento do benefício) ocorreu antes da vigência da EC n. 103/19, o desfazimento não se aplica, sujeitando-se às regras então vigentes.

O certo é que o servidor, ao se aposentar, de regra se afasta do serviço público. Se ele pretende, mesmo depois de completar os requisitos legais, o que deve fazer é permanecer no cargo e auferir a dispensa da contribuição.

A despeito de respeitáveis posições contrárias, convém deixar claro que juridicamente o servidor aposentado não é mais segurado nem servidor, tão somente um aposentado.

81. VEDAÇÃO DE COMPLEMENTAÇÃO

Art. 7º

"O disposto no § 15 do art. 37 da Constituição Federal não se aplica a complementações de aposentadorias e pensões concedidas até a data de entrada em vigor desta Emenda Constitucional."

Diz o aludido art. 37, § 15, da Lei Maior:

"É vedada a complementação de aposentadorias de servidores públicos e de pensões por morte a seus dependentes que não seja decorrente do disposto nos §§ 14 a 16 do art. 40 ou que não seja prevista em lei que extinga regime próprio de previdência social."

Portanto, o que se tem é uma noção explicativa da eficácia do dispositivo reproduzido para se situar no cenário descrito.

Ideia não acolhida pelas entidades representantes dos servidores públicos (que naturalmente receiam o perecimento de benefícios conquistados ao longo do tempo em matéria de previdência social), o certo é que, desde a EC n. 20/98, a União não deseja responder pelos proventos integrais dos servidores provindo os recursos do Tesouro Nacional, no máximo, funcionar como um patrocinador.

Possivelmente calcado na universalidade dos regimes previdenciários, alvitra que os valores superiores ao teto do Regime Geral sejam integralmente cobertos por uma entidade privada, ainda que, *in casu*, detenha algum viés público. Com isso faz do servidor um pouco mais assemelhado ao trabalhador da iniciativa privada.

Manifestações das autoridades no final de 2019 indicavam uma reforma administrativa (que retiraria certos direitos, entre os quais a efetividade do ocupante de cargo público).

A PEC n. 133/19 demonstra nítida preocupação com essas transformações e pretende ampliar a aceitação dessa tese. No seu art. 11, reabre prazo por seis meses para opção pelo regime da Lei n. 12.618/12 (FUNPRESP-EX).

82. ABONO DE PERMANÊNCIA

Art. 8º

"Até que entre em vigor lei federal de que trata o § 19 do art. 40 da Constituição Federal, o servidor público federal que cumprir as exigências para a concessão da aposentadoria voluntária, nos termos do disposto nos arts. 4º, 5º, 20, 21 e 22 e que optar por permanecer em atividade, fará jus a um abono de permanência equivalente ao valor da sua contribuição previdenciária, até completar a idade para aposentadoria compulsória."

Os servidores mencionados no preceito que, auferindo direito à aposentadoria voluntária, portanto distinguida da aposentadoria por incapacidade permanente, e da mencionada no final da redação, não mais contribuirá e até que se jubile ou sobrevenha a aposentação compulsória aos 75 anos.

Essa providência não é automática, ela reclama que a iniciativa dos interessados deflagrará procedimento interno de verificação do cumprimento dos requisitos legais.

É interessante observar que o termo dessa dispensa de contribuição só se daria com a aposentadoria compulsória, portanto, só ocorreria se a permanência no cargo prosseguisse até o servidor completar 75 anos.

Na verdade, requerida a aposentadoria programada (a que faz jus ou outra aposentadoria prevista nas regras de transição), a dispensa das contribuições desaparece e, em seu lugar, emerge a obrigação de contribuir (*sic*). Uma delas, como se sabe, a indigitada aposentadoria por punição.

Quem tem o direito adquirido não perde a aposentadoria e, se depois, for demitido a bem do serviço público (por ato praticado antes do preenchimento dos requisitos), obviamente depois de sindicância e inquérito administrativo, cessando a prestação de trabalho e não mais recebendo os vencimentos, finda-se o abono de permanência, até porque não permanece no serviço público. Claro, sem prejuízo da aposentadoria a que fez jus.

TOMO X — REGULAMENTAÇÃO DE REGIME PRÓPRIO

83. REGULAMENTAÇÃO PROVISÓRIA DO REGIME PRÓPRIO

Art. 9º

"Até que entre em vigor lei complementar que discipline o § 22 do art. 40 da Constituição Federal, aplicam-se aos regimes próprios de previdência social o disposto na Lei n. 9.717, de 27 de novembro de 1998 e o disposto neste artigo.

§ 1º O equilíbrio financeiro e atuarial do regime próprio de previdência social deverá ser comprovado por meio de garantia de equivalência, a valor presente, entre o fluxo das receitas estimadas e das despesas projetadas, apuradas atuarialmente, que, juntamente com os bens, direitos e ativos vinculados, comparados às obrigações assumidas, evidenciem a solvência e a liquidez do plano de benefícios.

§ 2º O rol de benefícios dos regimes próprios de previdência social fica limitado às aposentadorias e à pensão por morte.

§ 3º Os afastamentos por incapacidade temporária para o trabalho e o salário-maternidade serão pagos diretamente pelo ente federativo e não correrão à conta do regime próprio de previdência social ao qual o servidor se vincula.

§ 4º Os Estados, o Distrito Federal e os Municípios não poderão estabelecer alíquota inferior a da contribuição dos servidores da União, exceto se demonstrado que o respectivo regime próprio de previdência social não possui déficit atuarial a ser equacionado, hipótese em que a alíquota não poderá ser inferior às alíquotas aplicáveis ao Regime Geral de Previdência Social.

§ 5º Para fins do disposto no § 4º, não será considerada como ausência de déficit a implementação de segregação da massa de segurados ou a previsão em lei de plano de equacionamento de déficit.

§ 6º A instituição do regime de previdência complementar na forma dos §§ 14 a 16 do art. 40 da Constituição Federal e a adequação do órgão ou entidade gestora do regime próprio de previdência social ao § 20 do art. 40 da Constituição Federal deverão ocorrer no prazo máximo de 2 (dois) anos da data de entrada em vigor desta Emenda Constitucional.

§ 7º Os recursos de regime próprio de previdência social poderão ser aplicados na concessão de empréstimos a seus segurados, na modalidade de consignados, observada regulamentação específica estabelecida pelo Conselho Monetário Nacional.

§ 8º Por meio de lei, poderá ser instituída contribuição extraordinária pelo prazo máximo de 20 (vinte) anos, nos termos dos §§ 1º-B e 1º-C do art. 149 da Constituição Federal.

§ 9º O parcelamento ou a moratória de débitos dos entes federativos com seus regimes próprios de previdência social fica limitado ao prazo a que se refere o § 11 do art. 195 da Constituição."

Quando regulamentado, o § 22 do art. 40 vedará a criação de novos RPPS (aludindo aos existentes, pois vigora o princípio da unicidade protetiva).

Lei básica dos RPPS

Temporariamente, mantém-se a eficácia da norma básica do RPPS, que é a Lei n. 9.717/98, e possíveis alterações, como as da Lei n. 10.887/04.

Equilíbrio financeiro e atuarial

O § 1º do art. 9º, em matéria de RPPS e da previdência social do servidor (até mesmo do RGPS), é um dispositivo fundamental e da maior importância. À evidência, ele parametriza quase todas as ações do administrador.

Deflui do princípio constitucional do equilíbrio financeiro e atuarial e se constitui no maior desafio do administrador de um regime de previdência social, seja público ou privado, vale dizer, o seu maior questionamento científico. Em palavras singelas, é preciso que as contas atuais (do presente) e as futuras digam respeito de entradas superiores às saídas de recursos.

O que pressupõe é o sonho volitivo do gestor previdenciário: o equilíbrio permanente do plano de benefícios em função das inúmeras variáveis presentes na economia, nas leis de mercado, mudanças demográficas, conduta das pessoas, morbidez geral, natalidade e da esperança de vida, ou seja, circunstâncias fora do controle humano.

A norma expressamente exige comprovação desse *status* sem se saber perante qual autoridade, nem mesmo o que sucederá, exceto eventual a responsabilidade dos gestores por desvios, quando a *mens legislatoris* não se cumprir.

Toda a teoria do Direito Previdenciário é convocada como uma bíblia a ser seguida pelo empreendedor que tem necessidade de ter em mão, com toda a transparência, a presença militante de um equilíbrio financeiro e atuarial, o que não é pedir pouco.

Note-se, o texto dá uma aula simples da compreensão do que seja esse notável princípio: uma equivalência do valor presente entre o fluxo das receitas estimadas e das despesas projetadas.

Em outras palavras, quer dizer que o estoque financeiro atual deve atender às despesas correntes e com as receitas futuras possa sempre atender as necessidades. O que não é fácil porque a tendência é os custos aumentarem e variar a população demograficamente considerada.

Em linhas muito singelas, plano de benefícios equilibrado é aquele que consegue honrar os seus compromissos presentes e, contando com as receitas futuras, possa atender os compromissos futuros. Essa concepção abriga a hipótese de haver a presença de riscos graves imprevisíveis ou tábuas de mortalidades futuras distintos, obrigando o atuário a contornar as exigências financeiras que podem sobrevir.

Rol dos benefícios

Numa primeira leitura, estranhamente afirma-se, os RPPS somente poderiam manter as aposentadorias e a pensão por morte. Aposentadoria deverá ser a por idade, do professor, da pessoa com deficiência e das específicas. Pensão por morte, mas não auxílio-reclusão, o que é estranhável.

Todavia, não é assim porque a Carta Magna depois prevê o salário-maternidade e o salário-família.

Incapacidade e maternidade

Neste momento silenciando sobre a aposentadoria por incapacidade permanente (designada como aposentadoria por invalidez no RGPS), assinala-se a cobertura da incapacidade temporária (que seria o auxílio-doença do RGPS), o salário-maternidade fica a cargo do ente federado e não do RPPS.

Não se sabe o motivo que levou o emendador a atribuir essas responsabilidades ao ente federativo, pois são prestações nitidamente previdenciárias.

Alíquotas válidas

O § 4º prevê dois tipos referenciais de alíquotas:

a) do RGPS, que tem sido de 8%, 9% e 11%, mas poderá ser modificada; e

b) da União, usualmente tem sido de 11%.

Os entes federados não poderão instituir alíquotas inferiores a esses dois patamares, com exceção da existência de déficit.

Além de outras (entre as quais prestações generosas, tábuas de mortalidade superadas ou insucesso nos investimentos), é consabido que alíquotas em desconformidade com a avaliação técnica atuarial levam a déficit, obrigando a majoração para se chegar ao equilíbrio do plano de benefícios.

Segregação e equacionamento

A simples segregação do plano de benefícios ou a previsão de um plano de equacionamento não significa ausência de déficit.

Implantação da previdência privada

Os entes federados e os RPPS têm um prazo de dois anos para implantação da previdência complementar dos servidores e, como sói acontecer, sem sanção no caso de inadimplência.

Empréstimo consignado

Como vem sucedendo há tempos no RGPS, os segurados poderão celebrar acordo de empréstimo consignado, funcionando o RPPS como se fosse um banco.

Contribuição extraordinária

A fim de manter o equilíbrio do plano de benefícios e reconhecendo as enormes dificuldades financeiras e atuariais dos RPPS, é admitida uma contribuição extraordinária (nem sempre bem compreendida pelos interessados), por um longo prazo de 20 anos. Fato que frequentemente sucede quando da mudança das tábuas de mortalidade.

Dívidas dos entes federados

O § 9º, em consonância com o § 11 do art. 195, não admite parcelamento de dívida ou moratória em prazo superior a 60 meses. Silenciou sobre o reparcelamento, que é muito comum no serviço público.

84. COMANDOS DO REGIME PRÓPRIO DA UNIÃO

Art. 10.

"Até que entre em vigor lei federal que discipline os benefícios do regime próprio de previdência social dos servidores da União, aplica-se o disposto neste artigo.

§ 1º Os servidores públicos federais serão aposentados:

I — voluntariamente, observados, cumulativamente, os seguintes requisitos:

a) 62 (sessenta e dois) anos de idade, se mulher, e 65 (sessenta e cinco) anos de idade, se homem; e

b) 25 (vinte e cinco) anos de contribuição, desde que cumprido o tempo mínimo de 10 (dez) anos de efetivo exercício no serviço público e de 5 (cinco) anos no cargo efetivo em que for concedida a aposentadoria;

II — por incapacidade permanente para o trabalho, no cargo em que estiverem investidos, quando insuscetíveis de readaptação, hipótese em que será obrigatória a realização de avaliações periódicas para verificação da continuidade das condições que ensejaram a concessão da aposentadoria; ou

III — compulsoriamente, na forma do disposto no inciso II do § 1º do art. 40 da Constituição Federal.

§ 2º Os servidores públicos federais com direito a idade mínima ou tempo de contribuição distintos da regra geral para concessão de aposentadoria, na forma dos §§ 4º-B, 4º-C e 5º do art. 40 da Constituição Federal, poderão se aposentar, observados os seguintes requisitos:

I — o policial civil do órgão a que se refere o inciso XIV do *caput* do art. 21 da Constituição Federal, o policial dos órgãos a que se referem o inciso IV do *caput* do art. 51, o inciso XIII do *caput* do art. 52 e os incisos I a III do *caput* do art. 144 da Constituição Federal e os ocupantes dos cargos de agente federal penitenciário ou socioeducativo, aos 55 (cinquenta e cinco) anos de idade, 30 (trinta) anos de contribuição e 25 (vinte e cinco) anos de efetivo exercício em cargo destas carreiras, para ambos os sexos;

II — o servidor público federal cujas atividades sejam exercidas com efetiva exposição a agentes nocivos químicos, físicos e biológicos prejudiciais à saúde, ou Associação destes agentes, vedados a caracterização por categoria profissional ou ocupação e o enquadramento por periculosidade, aos 60 (sessenta) anos de idade, 25 (vinte e cinco) anos de efetiva exposição e contribuição, 10 (dez) anos de efetivo exercício de serviço público e 5 (cinco) anos no cargo efetivo em que for concedida a aposentadoria;

III — o titular do cargo federal de professor, aos sessenta anos de idade, se homem, aos 57 (cinquenta e sete) anos, se mulher, 25 (vinte e cinco) anos de contribuição exclusivamente em efetivo exercício das funções de magistério na educação infantil e no ensino fundamental e médio, 10 (dez) anos de efetivo exercício de serviço público e 5 (cinco) anos no cargo efetivo em que for concedida a aposentadoria, para ambos os sexos.

§ 3º A aposentadoria a que se refere o § 4º-C do art. 40 da Constituição Federal observará adicionalmente as condições e os requisitos estabelecidos para o Regime Geral de Previdência Social, naquilo em que não conflitarem com as regras específicas aplicáveis ao regime próprio de previdência social da União, vedada a conversão de tempo especial em comum.

§ 4º Os proventos das aposentadorias concedidas nos termos do disposto neste artigo corresponderão ao valor apurado na forma da lei.

§ 5º Até que entre em vigor lei federal de que trata o § 19 do art. 40 da Constituição Federal, o servidor federal que cumprir as exigências para a concessão da aposentadoria voluntária nos termos do disposto neste artigo e que optar por permanecer em atividade fara jus a um abono de permanência equivalente ao valor da sua contribuição previdenciária, até completar a idade para aposentadoria compulsória.

§ 6º A pensão por morte devida aos dependentes do policial civil do órgão a que se refere o inciso XIV do *caput* do art. 21 da Constituição Federal, do policial dos órgãos a que se referem o inciso IV do *caput* do art. 51, o inciso XIII do *caput* do art. 52 e os incisos I a III do *caput* do art. 144 da Constituição Federal e dos ocupantes dos cargos de agente federal penitenciário ou socioeducativo decorrente de agressão sofrida no exercício ou em razão da função será vitalícia para o cônjuge ou companheiro e equivalente à remuneração do cargo.

§ 7º Aplicam-se às aposentadorias dos servidores dos Estados, do Distrito Federal e dos Municípios as normas constitucionais e infraconstitucionais anteriores à data de entrada em vigor desta Emenda Constitucional, enquanto não promovidas alterações na legislação interna relacionada ao respectivo regime próprio de previdência social."

RPPS do servidor federal

Até ser disciplinado o regime próprio de previdência dos servidores federais deve ser observado o contido neste art. 10. Eles eram jubilados conforme cada ente federado.

A aposentação dar-se-á:

a) aos 62 anos (mulher) e 65 anos (homem);

b) 25 anos de contribuição;

c) 10 anos no serviço público;

d) 5 anos no cargo;

e) incapacidade permanente; e

f) compulsória, aos 75 anos de idade.

Convém acentuar que os 25 anos de contribuição, que lembram os antigos 30/35 anos de contribuição do art. 52 do PBPS, não constituem período de carência, mas uma exigência temporal mínima e que possivelmente não admite conversão de tempo especial.

Também não carece ser o período precedente da aposentação nem que as mensalidades sejam consecutivas.

Podendo ser completados por tempo do Regime Geral via contagem recíproca.

Incapacidade permanente

Se não for possível a readaptação, depois de avaliação médica, sobrevirá aposentadoria permanente, que lembra a aposentadoria por invalidez do PBPS.

Aposentadoria compulsória

Aos 75 anos sobrevirá a aposentadoria compulsória.

Policial civil

Os diferentes policiais civis se aposentam:

a) 55 anos de idade;

b) 30 anos de contribuição;

c) 25 anos de exercício no cargo.

Aposentadoria especial

A aposentadoria especial se dará:

a) aos 60 anos de idade;

b) 25 anos de efetiva exposição aos agentes nocivos;

c) 10 anos no serviço público;

d) 5 anos no cargo.

Não há previsão, como sucede nos arts. 57/58 do PBPS, para 15 ou 20 anos de tempo especial.

Aposentadoria do professor

O inciso III firma os requisitos materiais do benefício do educador:

a) 60 anos, se homem;

b) 57 anos, se mulher;

c) 25 aos de efetivo exercício da função;

d) 10 anos no serviço público; e

e) 5 anos no cargo.

Categorias diferenciadas

Conforme sejam servidores ocupados em função de segurança, expostos a agentes nocivos e professores, eles poderão se aposentar nos termos do art. 10.

Aposentadoria especial

Particularizando, a aposentadoria especial, observando os ditames da Súmula Vinculante STF n. 33, será igual a do RGPS, sempre que não colidirem com os comandos do RPPS.

Entrementes, para estes expostos aos agentes nocivos não haverá conversão do tempo de serviço especial em comum.

Theodoro Vicente Agostinho, Sérgio Henrique Salvador e Ricardo Leonel da Silva, diante da idade mínima exigida pelo art. 21, nas três hipóteses de tempo de exposição (25 anos, 30 anos e 25 anos), ou seja, de 66 pontos, 72 pontos e 86 pontos, concluem que o benefício deixará de ser protetivo ("A nova aposentadoria especial e sua inviabilidade protetiva pela incompatibilidade do requisito etário a partir da PEC n. 6/19, Reforma da Previdência", *Migalhas* de 31.10.19).

Renda mensal inicial

O valor dos proventos da aposentação será definido em lei própria; devem seguir a regra geral.

Abono de permanência

Nas mesmas condições subsiste o direito de dispensa de contribuição, convindo examinar o que sucederá quando da regulamentação referida.

Pensão por morte

Inovando e destoando da transitoriedade das normas da EC n. 103/19, o § 6º determina que a pensão por morte dos segurados mencionados, quando de agressão sofrida no exercício ou em virtude da função, será vitalícia e uma RMI de 100% dos vencimentos.

O uso da expressão "vitalícia" deve ter significado particular se interpretado na medida em que raramente aparece nas inúmeras vezes que a legislação cuida do benefício da pensão por morte. Não esclarece sobre a maioridade dos dependentes e a reversão de cotas.

Supõe-se que, além da manutenção até o falecimento do dependente, quer dizer que mesmo sobrevindo um casamento o benefício será mantido.

Parece que tal disposição excepcional diz respeito a um estímulo à admissão dessa mão de obra cuja função é nitidamente perigosa.

O emendador não aludiu ao acidente do trabalho, preferindo ditar sobre agressão física e com isso fez distinção entre esse primeiro conceito e o sinistro específico que deseja dar cobertura.

Se esses protegidos sofrerem um acidente laboral fatal sem terem sido agredidos, a pensão por morte será a tradicional dos servidores.

A dicção "em razão da função" é muito genérica, aparentemente significa o mesmo que "no exercício".

Normas constitucionais e infraconstitucionais

Embora fosse doutrinariamente desnecessário, mais uma vez a EC n. 103/19 deixa claro que as normas superiores da legislação previdenciária em vigor serão mantidas à promulgação da reforma da previdência social.

Contribuição extraordinária

Na versão original da PEC n. 6-A/19, o § 8º admitia o Regime Próprio instituir uma contribuição extraordinária durante 20 anos para fazer frente às necessidades pecuniárias.

Não se sabe por que foi fixado esses 240 meses, rigorosamente deveria ser até o plano de benefícios se tornar equilibrado.

Parcelamento e moratória

Da mesma forma, os entes federativos poderiam lograr parcelamento ou moratória de contribuições desde que limitados ao prazo de 60 meses (CF/88, art. 195, § 11).

85. ALÍQUOTA DE CONTRIBUIÇÃO DO REGIME PRÓPRIO

Art. 11.

"Até que entre em vigor lei que altere a alíquota da contribuição previdenciária de que tratam os arts. 4º, 5º e 6º da Lei n. 10.887, de 18 de junho de 2004, esta será de 14% (quatorze por cento).

§ 1º A alíquota prevista no *caput* será reduzida ou majorada, considerado o valor da base de contribuição ou do benefício recebido, de acordo com os seguintes parâmetros:

I — até 1 (um) salário-mínimo, redução de seis inteiros e cinco décimos pontos percentuais;

II — acima de 1 (um) salário-mínimo até R$ 2.000,00 (dois mil reais), redução de cinco pontos percentuais;

III — de R$ 2.000,01 (dois mil reais e um centavo) até R$ 3.000,00 (três mil reais), redução de dois pontos percentuais;

IV — de R$ 3.000,01 (três mil reais e um centavo) até R$ 5.839,45 (cinco mil, oitocentos e trinta e nove reais e quarenta e cinco centavos), sem redução ou acréscimo;

V — de R$ 5.839,46 (cinco mil, oitocentos e trinta e nove reais e quarenta e seis centavos) até R$ 10.000,00 (dez mil reais), acréscimo de meio ponto percentual;

VI — de R$ 10.000,01 (dez mil reais e um centavo) até R$ 20.000,00 (vinte mil reais), acréscimo de dois inteiros e cinco décimos pontos percentuais;

VII — de R$ 20.000,01 (vinte mil reais e um centavo) até R$ 39.000,00 (trinta e nove mil reais, acréscimo de cinco pontos percentuais; e

VIII — acima de R$ 39.000,01 (trinta e nove mil reais e um centavo), acréscimo de oito pontos percentuais.

§ 2º A alíquota, reduzida ou majorada nos termos do disposto no § 1º, será aplicada de forma progressiva sobre a base de contribuição do servidor público, incidindo cada alíquota sobre a faixa de valores compreendida nos respectivos limites.

§ 3º Os valores previstos no § 1º serão reajustados, a partir da data de entrada em vigor desta Emenda Constitucional, na mesma data e no mesmo índice em que se der o reajuste dos benefícios do Regime Geral de Previdência Social, ressalvados aqueles vinculados ao salário-mínimo, aos quais se aplica a legislação específica.

§ 4º A alíquota de contribuição de que trata o *caput*, com a redução ou a majoração decorrente do disposto no § 1º, será devida pelos aposentados e pensionistas de quaisquer dos Poderes da União, incluídas suas entidades autárquicas e suas fundações, incidentes sobre o valor da parcela dos proventos de aposentadorias e pensões que superem o limite máximo estabelecido para os benefícios do Regime Geral de Previdência Social, hipótese em que será considerada a totalidade do valor do benefício para fins de definição das alíquotas aplicáveis."

Aplicação progressiva

O texto não disciplinou sobre a alíquota se os vencimentos foram majorados no meio do mês.

Curiosamente comete um pequeno cochilo e, na tabela, não disciplinou o valor R$ 39.000,01...

Reajustamento dos percentuais

Os valores resultantes da tabela serão atualizados conforme os indexadores das prestações do INSS, que costuma ser a variação do INPC, sem que jamais o legislador tenha disciplinado qual será o indexador.

Incidência sobre o teto

Consoante o § 4º, todos os servidores ativos e inativos e pensionistas observarão a tabela abaixo desde que a base de cálculo supere R$ 6.101,50.

Num exemplo singelo, se o servidor recebe R$ 16.101,50 mensais ele contribuirá com 16,50%, assim que a lei regulamentadora entrar em vigor.

Tabela das alíquotas de contribuição

Até um salário mínimo	7,50%
De um salário mínimo até R$ 2.000,00	9,00%
De R$ 2.000,01 até R$ 3.000,00	12,00%
De R$ 3.000,01 até R$ 5.839,45	14,00%
De R$ 5.839,46 até R$ 10.000,00	14,50%
De R$ 10.000,01 até R$ 20.000,00	16,50%
De R$ 20.000,01 até R$ 39.000,00	19,00%
Acima de R$ 39.000,01	22,00%

Aqui também não se sabe qual é a alíquota de quem ganha R$ 39.000,01.

86. SISTEMA INTEGRADO DE INFORMAÇÕES

Art. 12.

"A União instituirá sistema integrado de dados relativos às remunerações, proventos e pensões dos segurados dos regimes de previdência de que tratam os arts. 40, 201 e 202 da Constituição Federal, aos benefícios dos programas de assistência social de que trata o art. 203 da Constituição Federal e as remunerações, proventos de inatividade e pensão por morte decorrentes das atividades militares de que tratam os arts. 42 e 142 da Constituição Federal, em interação com outras bases de dados, ferramentas e plataformas, para o fortalecimento de sua gestão, governança e transparência e o cumprimento das disposições estabelecidas nos incisos XI e XVI do art. 37 da Constituição Federal.

§ 1º A União, os Estados, o Distrito Federal e os Municípios e os órgãos e entidades gestoras dos regimes, dos sistemas e dos programas a que se refere o *caput* disponibilizarão as informações necessárias para a estruturação do sistema integrado de dados e terão acesso ao compartilhamento das referidas informações, na forma da legislação.

§ 2º É vedada a transmissão das informações de que trata este artigo a qualquer pessoa física ou jurídica para a prática de atividade não relacionada à fiscalização dos regimes, dos sistemas e dos programas a que se refere o *caput*."

Quando instalado, este aparato gigantesco tornará possível aos órgãos gestores do RGPS, RPPS, da previdência privada e regime dos militares e parlamentares ter acesso a uma infinidade de dados dos beneficiários da seguridade social (já que abarca a assistência social) relativas às remunerações e proventos.

Autorizará a emissão de uma norma de superdireito que permita constatar a acumulação indevida de prestações.

A União e todos os entes federados terão acesso a essas informações, presumivelmente com vistas a aspectos securitários.

O inciso XI do art. 37 da Carta Magna reza:

"A remuneração e os subsídios dos ocupantes de cargos, funções e empregos públicos da administração direta, autárquica e fundacional dos membros de qualquer dos poderes da União, dos Estados, do Distrito Federal e dos Municípios, dos detentores de mandato eletivo e dos demais agentes políticos e os proventos, pensões ou outra espécie remuneratória, ou percebidos cumulativamente ou não, incluídas as vantagens pessoais de qualquer outra natureza, não poderão exceder o subsídio mensal, dos Ministros do Supremo Tribunal Federal, aplicando-se como espécie limite, nos Municípios, o subsídio do Prefeito, e nos Estados e no Distrito Federal, o subsídio mensal do Governador no âmbito do Poder Executivo, o subsídio dos Deputados Estaduais e Distritais no âmbito do Poder Legislativo e o subsídio dos Desembargadores do Tribunal de Justiça, limitado a noventa inteiros e vinte e cinco centésimos por cento do subsídio mensal, em espécie, dos Ministros do Supremo Tribunal Federal, no âmbito do Poder Judiciário, aplicável este limite aos membros do Ministério Público, aos Procuradores e aos Defensores Públicos."

O inciso XVI pontua: "é vedada a acumulação remunerada de cargos públicos, exceto, quando houver compatibilidade de horários, observado em qualquer caso o disposto no inciso XI:

a) a de dois cargos de professor;

b) a de um cargo de professor com outro, técnico ou científico; e

c) a de dois cargos ou empregos privativos de profissionais de saúde, com profissões regulamentadas."

O § 1º reforça a ideia de que a União e todos os entes federados terão acesso a essas informações, presumivelmente com vistas tão somente a aspectos securitários.

Tais informações serão segregadas e a elas as pessoas físicas ou jurídicas não terão acesso (§ 2º).

87. PARCELAS REMUNERATÓRIAS TEMPORÁRIAS

Art. 13.

"Não se aplica o disposto no § 9º do art. 39 da Constituição Federal a parcelas remuneratórias decorrentes de incorporação de vantagens de caráter temporário ou vinculadas ao exercício de função de confiança ou de cargo em comissão efetivada até a data de entrada em vigor desta Emenda Constitucional."

O § 9º do art. 39 determina a não incorporação à remuneração dos servidores as vantagens de caráter temporário ou dos exercentes de função de confiança ou de cargo em comissão.

Essa disposição quebra a ideia assentada no Direito Previdenciário de que o valor remuneratório, pelo menos no RGPS (PCSS, art. 28), sempre faz parte integrante do salário de contribuição do trabalhador, seja temporário ou permanente. Esse montante é o responsável pela sua subsistência.

Tal valor permanecerá fazendo parte dos vencimentos até o advento da EC n. 103/19, é o que assevera o art. 13.

Essa medida é drástica e vai obrigar os entes federados a mudar a retribuição desses servidores não efetivados tão somente com os vencimentos.

Não tem sentido desconsiderar valores que integram os vencimentos na medida em que o papel científico da prestação é substituir os ganhos habituais do trabalhador, seja ele quem for.

Se isso prevalecer, haverá uma quebra de rendimentos da pessoa humana fora do papel da previdência social.

TOMO XI — DO SERVIDOR E DO PROFESSOR

88. APOSENTADORIA DO EXERCENTE DE CARGO ELETIVO

Art. 14.

"Vedadas a adesão de novos segurados e a instituição de novos regimes dessa natureza, os atuais segurados de regime de previdência aplicável a titulares de mandato eletivo da União, dos Estados, do Distrito Federal e dos Municípios poderão, por meio de opção expressa formalizada no prazo de 180 (cento e oitenta) dias, contado da data de entrada em vigor desta Emenda Constitucional, retirar-se dos regimes previdenciários aos quais se encontrem vinculados.

§ 1º Os segurados, atuais e anteriores, do regime de previdência de que trata a Lei n. 9.506, de 30 de outubro de 1997 que fizerem a opção de permanecer neste regime previdenciário deverão cumprir período adicional correspondente a 30% (trinta por cento) do tempo de contribuição que faltaria para aquisição do direito à aposentadoria na data de entrada em vigor desta Emenda Constitucional e somente poderão se aposentar a partir dos 62 (sessenta e dois) anos de idade, se mulher, e 65 (sessenta e cinco) anos de idade, se homem.

§ 2º Se for exercida a opção prevista no *caput*, será assegurada a contagem do tempo de contribuição vertido para o regime de previdência ao qual o segurado se encontrava vinculado, nos termos do disposto no § 9º do art. 201 da Constituição.

§ 3º A concessão de aposentadoria aos titulares de mandato eletivo e de pensão por morte aos dependentes de titular de mandato eletivo falecido será assegurada, a qualquer tempo, desde que cumpridos os requisitos para obtenção desses benefícios até a data de entrada em vigor desta Emenda Constitucional, observados os critérios da legislação vigente na data em que foram atendidos os requisitos para a concessão da aposentadoria ou da pensão por morte.

§ 4º Observado o disposto nos §§ 9º e 9º-A do art. 201 da Constituição Federal, o tempo de contribuição a regime próprio de previdência social

> e ao Regime Geral de Previdência Social, assim como o tempo de contribuição decorrente das atividades militares de que tratam os arts. 42 e 142 da Constituição Federal, que tenha sido considerado para a concessão de benefício pelos regimes a que se refere o *caput*, não poderá ser utilizado para obtenção de benefício naqueles regimes.
>
> § 5º Lei específica do Estado, do Distrito Federal ou do Município deverá disciplinar a regra de transição a ser aplicada aos segurados que, na forma do *caput*, fizerem a opção de permanecer no regime previdenciário de que trata este artigo."

Historicamente, desde que desapareceu o Instituto de Previdência dos Congressistas (IPC), a situação previdenciária dos congressistas e parlamentares deflagrou uma respeitável confusão que, aparentemente, não cessou com o advento da Lei n. 10.887/04. As sucessivas disposições legais e jurisprudenciais não deixam claro a diferença entre congressistas e parlamentares. Tem-se um tanto quanto assente que são filiados ao RGPS.

O caput do art. 14 claramente diz que:

a) não é possível aderir ao regime de previdência dos ocupantes de cargos eletivos;

b) não podem ser constituídos novos regimes; e

c) possibilidade de retirada do regime vigente em 180 dias.

Aposentadoria dos eleitos

Esses eleitos poderão optar pela filiação ao Plano de Seguridade Social dos Congressistas (PSSC) definido no art. 12 da Lei n. 9.506/07 e terão direito à aposentadoria desde que:

a) acresça um período adicional de 30% do tempo de contribuição faltante;

b) e tenha 62 anos (mulher) ou 65 anos (homem).

Contagem recíproca

O tempo de contribuição de filiação a outro regime poderá ser computado via contagem recíproca (art. 201, § 9º). Subsiste uma pequena dúvida: o citado § 9º do art. 201 que cuida do RGPS e não há menção ao § 9º do art. 40, que trata dos servidores, entendendo-se que esses parlamentares poderão contar com tempo de contribuição de serviço público, até porque sua aposentadoria é igual.

Tempus regit actum

Quem preencher os requisitos legais antes da vigência da EC n. 103/19 poderá se aposentar-se sob o regime anterior a essa transformação e fazê-lo a qualquer momento (direito adquirido).

Tempo consumido

O § 4º diz uma obviedade doutrinária que vale aqui como em qualquer momento ou legislação previdenciária: se algum segurado consumir o tempo de contribuição em qualquer regime de previdência social não poderá usá-lo jamais em qualquer outro regime.

Uma afirmação tomada emprestada dos arts. 94/96 do PBPS.

Ao contrário, se alguém se viu legalmente segurado, obrigatório em dois dos regimes e neles atendeu os requisitos legais, fará jus a dois benefícios.

Norma dos Estados, DF e Municípios

Os ocupantes de cargos eletivos dos Estados (Governador, Vice-Governador e deputados estaduais), Governador e Vice-Governador do Distrito Federal ou Prefeito, Vice-prefeito e vereadores submeter-se-ão a regras de transição própria.

TOMO XII — DISPOSIÇÕES TRANSITÓRIAS DO TRABALHADOR

89. APOSENTADORIA COM FÓRMULA 86/96

Art. 15.

"Ao segurado filiado ao Regime Geral de Previdência Social até a data de entrada em vigor desta Emenda Constitucional, fica assegurado o direito à aposentadoria, quando preencher, cumulativamente, os seguintes requisitos:

I — 30 (trinta) anos de contribuição, se mulher, e 35 (trinta e cinco) anos de contribuição, se homem; e

II — somatório da idade e do tempo de contribuição, incluídas as frações, equivalente a 86 (oitenta e seis) pontos, se mulher, e 96 (noventa e seis) pontos, se homem.

§ 1º A partir de 1º de janeiro de 2020, a pontuação a que se refere o inciso II do *caput* será acrescida a cada ano de 1 (um) ponto até atingir o limite de 100 (cem) pontos, se mulher e 105 (cento e cinco) pontos, se homem.

§ 2º A idade e o tempo de contribuição serão apurados em dias para o cálculo do somatório de pontos que se referem o inciso II do *caput* e o § 1º.

§ 3º Para o professor que comprovar exclusivamente 25 (vinte e cinco) anos de contribuição, se mulher, e 30 (trinta) anos de contribuição, se homem, em efetivo exercício das funções de magistério na educação infantil e no ensino fundamental e médio, o somatório da idade e tempo de contribuição, incluídas as frações, será equivalente a 81 (oitenta e um) pontos, se mulher e 91 (noventa e um) pontos, se homem, aos quais serão acrescidos, a partir de 1º de janeiro de 2020, 1 (um) ponto a cada ano para homem e para a mulher, até atingir o limite de 92 (noventa e dois) pontos, se mulher, de 100 (cem) pontos, se homem.

§ 4º O valor da aposentadoria concedida nos termos do disposto neste artigo será apurado na forma da lei."

O art. 15 inicia os comandos pertinentes às regras de transição do trabalhador e do professor que se ingressaram no sistema antes da vigência da EC n. 103/19.

Explicitando isso expressamente, trata da aposentadoria por tempo de contribuição (PBPS, arts. 52/56). Nesse momento silencia quanto a aposentadoria por idade.

Requisitos básicos

São dois requisitos básicos:

a) 30 anos de contribuição (mulher) e 35 anos (homem); e

b) Soma desse tempo de contribuição com a idade de modo que totalize 86 pontos (mulher) e 96 pontos (homem) na DER (incisos I/II),

Neste caso, como exemplo, se uma segurada tem 30 anos de contribuição e 56 anos de idade, totalizando 86 pontos fará jus à aposentadoria.

Atualização da pontuação

A partir de 1º.1.20, os totais de 86 e 96 pontos serão acrescidos de um ponto, observado o § 1º. Portanto, será de 87/97 pontos.

Cômputo dos elementos

A idade e o tempo de contribuição serão apurados em dias.

Partindo do exemplo anterior, se a segurada tiver 29 anos mais 100 dias de contribuição + 59 anos e 265 dias de idade terá direito ao benefício.

Aposentadoria do professor

As regras do professor da iniciativa privada são distintas:

a) 25 anos de contribuição (mulher) e 30 anos (homem).

b) 81 pontos (mulher) e 91 (homem).

Atualização da pontuação do professor

A partir de 1º.1.20, a pontuação aumentará um ponto chegando ao máximo de 92 pontos (mulher) e 100 (homem).

Renda mensal inicial

O valor da RMI será apurado na forma da lei. Na legislação então vigente.

Período de carência

Diante da mudez do texto, supõe-se a inexistência do período de carência.

Fórmula 95

Criada por nós em 1992, com a Lei n. 13.183/15 ela se tornou uma faculdade a serviço dos segurados humildes que começam a trabalhar mais cedo e de que, devido a sua baixa idade e tempo de contribuição, preferia não sentir os efeitos deletérios do fator previdenciário.

Agora, essa ideia foi sepultada porque se tornou obrigatória, mais uma exigência.

90. APOSENTADORIA SEM FÓRMULA 86/96

> Art. 16.
>
> "Ao segurado filiado ao Regime Geral de Previdência Social até a data de entrada em vigor esta Emenda Constitucional fica assegurado o direito à aposentadoria quando preencher, cumulativamente, os seguintes requisitos:
>
> I — 30 (trinta) anos de contribuição, se mulher, e 35 (trinta e cinco) anos de contribuição, se homem; e
>
> II — idade de 56 (cinquenta e seis) anos, se mulher, e 61 (sessenta e um) anos, se homem.
>
> § 1º A partir de 1º de janeiro de 2020, a idade a que se refere o inciso II do *caput* será acrescida de 6 (seis) meses a cada ano, até atingir 62 (sessenta) e dois anos de idade, se mulher, e 65 (sessenta e cinco) anos de idade, se homem.
>
> § 2º Para o professor que comprovar exclusivamente tempo de efetivo exercício das funções de magistério na educação infantil e no ensino fundamental e médio, o tempo de contribuição e a idade de que tratam os incisos I e II do *caput* deste artigo serão reduzidos em 5 (cinco) anos, aos quais serão acrescentados, a partir de 1º de janeiro de 2020, 6 (seis) meses a cada ano as idades previstas no inciso II, até atingir 57 (cinquenta e sete) anos, se mulher, e 60 (sessenta) anos, se homem.
>
> § 3º O valor da aposentadoria concedida nos termos do disposto neste artigo corresponderá ao valor apurado na forma da lei."

Neste art. 16, a EC n. 103/19 configura uma regra de transição semelhante à do art. 15 (o mesmo fazendo no art. 17, com algumas diferenças).

Aqui, sem os elementos da Fórmula 86/96.

Requisitos básicos

São dois requisitos básicos:

a) 30 anos de contribuição (mulher) e 35 anos (homem);

b) 56 anos de idade (mulher) e 61 anos (homem).

Acréscimo da idade

A partir de 1º.1.20, essas idades aumentarão seis meses a cada ano (§ 1º).

Aposentadoria do professor

Os educadores observam 5 anos menos que os demais segurados, mas, a partir de 1º.1.20, eles aumentarão seis meses a cada ano até atingir 57 anos (mulher) e 60 anos (homem).

Valor do benefício

Dependerá da lei regulamentadora.

91. PROXIMIDADE DA APOSENTAÇÃO

> Art. 17.
>
> "Ao segurado filiado ao Regime Geral de Previdência Social até a data de entrada em vigor desta Emenda Constitucional e que na referida data contar com mais de 28 (vinte e oito) anos de contribuição, se mulher, e 33 (trinta e três) anos de contribuição, se homem, fica assegurado o direito à aposentadoria quando preencher, cumulativamente, os seguintes requisitos:
>
> I — 30 (trinta) anos de contribuição, se mulher, e (trinta e cinco) anos de contribuição se homem; e
>
> II — cumprimento de período adicional correspondente a 50% (cinquenta por cento) do tempo que, na data de entrada em vigor desta Emenda Constitucional, faltaria para atingir 30 (trinta) anos de contribuição, se mulher, e 35 (trinta e cinco) anos de contribuição, se homem.
>
> Parágrafo único. O benefício concedido nos termos deste artigo terá seu valor apurado de acordo com a média aritmética simples dos salários de contribuição e das remunerações calculadas na forma da lei, multiplicada pelo fator previdenciário, calculado na forma do disposto nos §§ 7º a 9º do art. 29 da Lei n. 8.213, de 24 de julho de 1991."

Variando em relação à aposentadoria prevista nos arts. 15 e 16, neste art. 17 o emendador cria uma figura bastante acentuada de expectativa de direito, daquele trabalhador muito próximo de assegurar a aposentadoria por tempo de contribuição do PBPS (NB-42).

Esse segurado, no dia anterior à vigência da EC n. 103/19, terá de demonstrar possuir 28 anos ou mais (mulher) ou 33 anos ou mais (homem) de contribuição.

Requisitos básicos

Além dessa exigência, deverá chegar a:

I — ter 30 anos (mulher) e 35 anos (homem); e

II — cumprir um período adicional, popularmente conhecido como "pedágio", de 50% do tempo faltante.

Exemplo: alguém que antes da EC n. 103/19 já possuía 28 anos (mulher) ou 33 anos (homem) e que lhe faltavam 24 meses para chegar aos 30 anos (mulher) ou 35 anos (homem).

Em vez dos 24 meses faltantes, terá de cumprir mais 24/2 = 12, portanto, 36 meses.

Renda mensal inicial

Neste caso, RMI resultará na média aritmética simples do período básico de cálculo multiplicado pelo fator previdenciário. (parágrafo único).

92. APOSENTADORIA PROGRAMADA

Art. 18

"O segurado de que trata o inciso I do § 7º do art. 201 da Constituição Federal filiado ao Regime Geral de Previdência Social até a data de entrada em vigor desta Emenda Constitucional poderá aposentar--se quando preencher, cumulativamente, os seguintes requisitos:

I — 60 (sessenta) anos de idade, se mulher, e 65 (sessenta e cinco) anos de idade, se homem; e

II — 15 (quinze) anos de contribuição, para ambos os sexos.

§ 1º A partir de 1º de janeiro de 2020, a idade de 60 (sessenta) anos da mulher, prevista no inciso I do *caput*, será acrescida em 6 (seis) meses a cada ano, até atingir 62 (sessenta e dois) anos de idade.

§ 2º O valor da aposentadoria de que trata este artigo corresponderá ao valor apurado na forma da lei."

A antiga aposentadoria por idade tradicional prevista no PBPS (NB-41) deixará de existir para quem ingressar na previdência social depois da EC n. 103/19 e não deverá ser confundida com a nova aposentadoria programada então criada, que também exige 60 anos (mulher) e 65 anos (homem) de idade.

Requisitos básicos

Para sua obtenção, como antes, são exigidos 60 anos (mulher) e 65 anos (homem) e um tempo mínimo de 15 anos para ambos os sexos (incisos I/II).

Acréscimo da idade

Para a mulher, os 60 anos serão acrescidos de seis meses a cada ano até atingir 62 anos, a partir de 1º.1.20.

Renda mensal inicial

A RMI observará a lei, possivelmente sendo de 60% mais 2% até chegar a 100%, com 40 anos de filiação e contribuição.

Cumulatividade dos requisitos

Está assentado no Direito Previdenciário que os três requisitos habituais para a consumação do direito subjetivo do trabalhador ao benefício previdenciário (qualidade de segurado, carência e evento determinante), exceto na figura do direito adquirido, têm de comparecer ao mesmo tempo.

Isso suscita um pequeno questionamento.

A EC n. 103/19 introduziu um instituto técnico novo: o período mínimo de contribuição.

Essa exigência, a par da idade, é um segundo requisito da aposentadoria programada do trabalhador ou do servidor. Detém um conceito simples: um lapso de tempo de contribuição, em que o trabalhador sujeito ao Regime Geral efetivamente gerou contribuições ou elas não se concretizaram.

Vale dizer, devidas ou recolhidas (art. 28 da Lei n. 8.212/91).

Tem alguma equivalência histórica com os 30/35 anos da agora extinta aposentadoria por tempo de contribuição dos arts. 52/56 da Lei n. 8.213/91 (NB-42).

Desde a EC n. 20/98, ela não se confunde com o tempo de serviço, ao qual, necessariamente não correspondem aportes pecuniários, muito menos com o tempo fictício (entre os quais, o em dobro ou da guerra).

Pouco tem a ver com o período de carência. Tal imposição de ordem meramente atuarial, *per se* na sua definição legal, é "o número mínimo de contribuições mensais" (Lei n. 8.213/91, art. 24).

Alegado pelo interessado e não demonstrado à saciedade, portanto, sem reconhecimento judicial ou da autarquia federal, é previdenciariamente imprestável.

Descabe presumi-lo, embora vetusta Instrução Normativa do INSS tivesse recepcionado lapsos de tempo intercalados entre dois períodos de serviços prestados formalizados.

Integrado em um período já consumido numa prestação, não terá utilidade em nenhuma outra função previdenciária (caso seja portado para outro regime).

O derivado de convencimento judicial tem efetividade indiscutível, com exceção da decisão originária da Justiça do Trabalho sem início razoável de prova material, ainda que defluente de procedimento importado e daquela que aguarda o trânsito em julgado.

Aqui incluído o tempo acolhido no Direito Previdenciário Procedimental, depois de transitar em julgado no Conselho de Recursos da Previdência Social — CRPS (Portaria MPS n. 88/04).

Na EC n. 103/19 tem o papel do seu título indicado no texto, por assim dizer, ficou no lugar dos 30/35 anos do extinto benefício já mencionado.

Convém evidenciar que, com vistas à renda mensal inicial, ele perde expressão, já que outro dispositivo reclama 60% do salário de benefício e mais alguns anos de contribuição.

Em relação ao segurado celetista que assim contribuiu por certo tempo e, depois, se tornou estatutário, os dois períodos fazem parte desse conceito.

Esta é uma hipótese em que eles constarão por escrito de uma Certidão de Tempo de Contribuição — CTC. *Ipso facto*, poderá ser levado de um regime para outro, operação designada como portabilidade. Logo, perfeitamente abrangido no instituto técnico da contagem recíproca de tempo de contribuição.

Normalmente será consecutivo, mas nada obsta que sobrevenham interrupções no curso do seu avanço; o que interessa é o total: 180 meses.

Seu cômputo será operado em dias, do primeiro ao último.

Vale para os servidores ou trabalhadores requisitados. Também para o presidiário que se mantenha filiado ao RGPS, enquanto no cumprimento da pena.

Sem embargo da dicção constitucional, a jurisprudência abriga a do menor de idade, por vezes, também o tempo precedente ao mais antigo documento comprobatório formal do trabalho rurícola.

Na hipótese de ter preenchido os requisitos legais de sua definição institucional, consubstanciará para todos os fins de direito e, mais tarde, exercitada essa pretensão a destempo, consumará o direito adquirido.

Reflete uma contribuição devida e a eventual não recolhida, parcelada ou prescrita, indenizada, do ex-combatente, rural ou urbana e até mesmo a relativa ao trabalho no exterior (com ou sem acordo internacional), do exilado e do anistiado.

A previdência social brasileira sendo eminentemente contributiva, em especial é válida a do segurado facultativo.

O período de trabalho especial convertido para o comum e da manutenção do auxílio-doença ainda são doutrinária e jurisprudencialmente polêmicos e, em virtude da ausência da contribuição, não serão aceitos.

Um tempo decorrente de persuasão judicial tem efetividade indiscutível, com exceção da decisão originada da Justiça do Trabalho sem início razoável de prova material, ainda que decorrente de prova importada e daquela que aguarda o trânsito em julgado.

Por ser contribuinte, ainda que sem prestar serviços, o período de disponibilidade do servidor deve ser considerado.

Por último, questão hipotética interessante. Diz respeito à exigência da contiguidade dos 15 anos com o momento da aposentação: se deve ser precedente à jubilação ou ele pode se postar em qualquer momento.

No sistema legal vigente (e não alterado pela Reforma da Previdência Social) está assentado que, exceto na circunstância do direito adquirido, é preciso que o titular da prestação previdenciária detenha o evento determinante (idade) e a qualidade de segurado, não sendo, *in casu*, relevante o período de carência.

Imagine-se um segurado com 15 anos de cotizações e por qualquer motivo perdeu a qualidade de segurado 26 meses depois de completar esses 180 meses de aportes e, passado algum tempo, completou 65 anos de idade.

Neste caso, por enquanto, assim posto, não fará jus ao benefício considerado.

Entretanto, se teve conhecimento da indigitada figura do facultativo, poderia ter contribuído nessa condição, mantida a qualidade de segurado até a véspera do seu aniversário de 65 anos e fazer jus.

Se nada disso aconteceu e o INSS indeferiu o requerimento, poderá restabelecer a aludida qualidade de segurado com apenas um pagamento como segurado facultativo (*sic*).

93. APOSENTADORIA PROGRAMADA, ESPECIAL E DO PROFESSOR QUE INGRESSARAM ANTES DA EC N. 103/19

Art. 19

"Até que lei disponha sobre o tempo de contribuição a que se refere o inciso I do § 7º do art. 201 da Constituição Federal, o segurado filiado ao Regime Geral de Previdência Social após a data de entrada em vigor desta Emenda Constitucional será aposentado aos 62 (sessenta e dois) anos de idade, se mulher, 65 (sessenta e cinco) anos de idade, se homem, com 15 (quinze) anos de tempo de contribuição, se mulher, e 20 (vinte) anos de tempo de contribuição, se homem.

§ 1º Até que lei complementar disponha sobre a redução de idade mínima ou tempo de contribuição prevista nos §§ 1º e 8º do art. 201 da Constituição Federal, será concedida aposentadoria:

I — aos segurados que comprovem o exercício de atividades com efetiva exposição a agentes nocivos químicos, físicos e biológicos prejudiciais à saúde, ou associação desses agentes, vedada a caracterização por categoria profissional ou ocupação e o enquadramento por periculosidade, durante, no mínimo 15 (quinze), 20 (vinte) ou 25 (vinte e cinco) anos, nos termos do disposto nos arts. 57 e 58 da Lei n. 8.213, de 24 de julho de 1991, quando cumpridos:

a) 55 (cinquenta e cinco) anos de idade, quando se tratar de atividade especial de 15 (quinze) anos de contribuição;

b) 58 (cinquenta e oito) anos de idade, quando se tratar de atividade especial de 20 (vinte) anos de contribuição; ou

c) 60 (sessenta) anos de idade, quando se tratar de atividade especial de 25 (vinte e cinco) anos de contribuição;

II — ao professor que comprove 25 (vinte e cinco) anos de contribuição exclusivamente em efetivo exercício das funções de magistério na educação infantil e no ensino fundamental e médio e tenha 57 (cinquenta e sete) anos de idade, se mulher, e 60 (sessenta) anos idade, se homem.

§ 2º O valor das aposentadorias de que trata este artigo corresponderá ao valor apurado na forma da lei."

Ab initio convém deixar claro que a aposentadoria programada desenvolvida no art. 18, em que há um tempo mínimo para ambos os sexos, regra de transição, não deve ser confundida com esta aposentadoria programada da regra permanente e, aliás, o tempo mínimo do homem é de 20 anos.

No art. 201, § 7º, I, a EC n. 103/19 faz uma primeira menção à nova aposentadoria por idade, aquela que substitui a aposentadoria por tempo de contribuição e a aposentadoria por idade tradicionais e destinadas a desaparecer, e que designamos de aposentadoria programada.

Agora, neste art. 19, como regra permanente, o tema é retomado e são prestados mais esclarecimentos sobre esse novo benefício, desfazendo dúvidas a respeito da natureza do "tempo mínimo de contribuição", que faz parte do *in fine* do aludido § 7º, I (se seria tempo de contribuição ou período de carência).

Então, até definição do prazo desse tempo de contribuição, os segurados se aposentarão com 62 anos de idade (mulher) e 65 anos (homem), com 15 anos de tempo mínimo (mulher) e 20 anos (homem).

Aposentadoria especial

Para os expostos aos agentes nocivos, a idade mínima será de:

a) 55 anos para exposição aos 15 anos;

b) 58 para exposição aos 20 anos;

c) 60 anos para exposição aos 25 anos.

Quer dizer, se um segurado ingressou numa empresa aos 20 anos e atendeu os requisitos dos arts. 57/58 do PBPS por 25 anos, então, com 45 anos de idade, ainda não fará jus à aposentadoria especial.

Terá de decorrer 15 anos, não necessariamente exposto aos agentes nocivos e pouco se sabendo qual deveria ser sua situação e contribuição posterior para preservar RMI de 15 anos atrás.

Em razão de não ter a idade mínima, não se poderá falar em direito adquirido ao salário de benefício quando completou os 25 anos, o que o obrigará a manter o nível de suas contribuições para não ser prejudicado na RMV.

Este vácuo entre o cumprimento do tempo mínimo de exposição aos agentes nocivos e a chegada da idade mínima deverá ser questionado judicialmente, pois se dá com uma mão e se tira com outra.

As aposentadorias previstas no art. 40, § 4º, são excepcionais e levam em conta a condição inaudita do trabalhador, e se elas custam caro que o legislador crie novas contribuições para ela, como o fez com a Lei n. 9.732/98, ou então ponha fim a esse benefício e atribua responsabilidade ao empregador.

O limite da idade não tem sentido

Fica uma dúvida: o que fará o trabalhador de minas subterrâneas que se expôs por 15 anos, começou a trabalhar no subsolo com 20 anos de idade e está com 35 anos?

A PEC n. 133/19 tem inovações nesta matéria.

Aposentadoria do professor

O professor se aposentará com:

a) 25 anos de magistério; e

b) 56 anos (mulher) e 60 anos (homem).

O raciocínio anterior, relativo ao tempo de 10 anos que o professor terá de aguardar se ele começou o magistério com 20 anos, deve ser suscitado sabendo-se que a sua única profissão foi a de professor.

Renda mensal inicial

Como em outras hipóteses, a EC n. 103/19 assevera que a RMI será objeto de posterior norma jurídica. Imagina-se que 100% somente quando completar a idade mínima (*sic*).

94. TRANSIÇÃO DO TRABALHADOR E DO SERVIDOR

Art. 20.

"O segurado ou o servidor público federal que tenha se filiado ao Regime Geral de Previdência Social ou ingressado no serviço público em cargo efetivo até a data de entrada em vigor desta Emenda Constitucional poderá aposentar-se voluntariamente quando preencher, cumulativamente, os seguintes requisitos:

I — 57 (cinquenta e sete) anos de idade, se mulher, e 60 (sessenta) anos de idade, se homem;

II — 30 (trinta) anos de contribuição, se mulher, e 35 (trinta e cinco) anos de contribuição se homem;

III — para os servidores públicos 20 (vinte) anos de efetivo exercício no serviço público e 5 (cinco) anos no cargo efetivo em que se der a aposentadoria;

IV — período adicional de contribuição correspondente ao tempo que, na data de entrada em vigor desta Emenda Constitucional, faltaria para atingir o tempo mínimo de contribuição referido no inciso II.

§ 1º Para o professor que comprovar exclusivamente tempo de efetivo exercício das funções de magistério na educação infantil e no ensino fundamental e médio serão reduzidos, para ambos os sexos, os requisitos de idade em 2 (dois) anos e de tempo de contribuição em 5 (cinco) anos;

§ 2º O valor das aposentadorias concedidas nos termos do disposto neste artigo corresponderá:

I — em relação ao servidor público que tenha ingressado no serviço público em cargo efetivo até 31 de dezembro de 2003 e que não tenha feito a opção de que trata o § 16 do art. 40 da Constituição Federal, à totalidade da remuneração no cargo efetivo em que se der a aposentadoria, observado o disposto no § 8º do art. 4º; e

II — em relação aos demais servidores públicos e aos segurados do Regime Geral de Previdência Social, ao valor apurado na forma da lei.

§ 3º O valor das aposentadorias concedidas nos termos do disposto neste artigo não será inferior ao valor a que se refere o § 2º do art. 201 da Constituição Federal e será reajustado:

I — de acordo com o disposto no art. 7º da Emenda Constitucional n. 41, de 19 de dezembro de 2003, se cumpridos os requisitos previstos no inciso I do § 2º;

II — nos termos estabelecidos para o Regime Geral da Previdência Social, se concedidas na forma prevista no inciso II do § 2º.

§ 4º Aplicam-se às aposentadorias dos servidores dos Estados, do Distrito Federal e dos Municípios as normas constitucionais e infraconstitucionais anteriores à data de entrada em vigor desta Emenda Constitucional, enquanto não promovidas alterações na legislação interna relacionada ao respectivo regime próprio de previdência social."

Desde que atendam os quatro requisitos elencados no *caput*, os segurados do RPPS e do RGPS têm direito à aposentadoria por tempo de contribuição tradicional (fadada a desaparecer).

Os requisitos exigidos são:

a) 57 anos de idade (mulher) e 60 anos (homem);

b) 30 anos de contribuição (mulher) e 35 anos (homem);

c) 20 anos no serviço público;

d) cinco anos no cargo; e

e) período adicional em relação ao tempo faltante.

Servidor professor

Para o professor de ambos os sexos, uma redução da idade em 2 anos (mulher) e 5 anos (homem) no tempo de contribuição.

Renda mensal inicial

O servidor que ingressou no serviço público até 31.12.03 e não optou pelo art. 40, § 16, receberá 100% dos vencimentos. Observado o § 8º do art. 4º.

Para os demais servidores ou segurados do RGPS, montante apurado na forma da lei.

Valor mínimo

Os proventos atendem o art. 201, § 2º.

Reajustamentos anuais

Os reajustamentos se darão consoante:

a) art. 7º da EC n. 41/03, se concedido conforme o inciso do I do § 2º; e

b) RGPS na forma prevista no inciso II do 2º.

95. TRANSIÇÃO DA APOSENTADORIA ESPECIAL

Art. 21.

"O segurado ou o servidor público federal que tenha se filiado ao Regime Geral de Previdência Social ou ingressado no serviço público em cargo efetivo até a data de entrada em vigor desta Emenda Constitucional, cujas atividades tenham sido exercidas com efetiva exposição a agentes nocivos químicos, físicos e biológicos prejudiciais à saúde, ou associação desses agentes, vedada a caracterização por categoria profissional ou ocupação desde que cumpridos, no caso do servidor, o tempo mínimo de 20 (vinte) anos de efetivo exercício no serviço público e de 5 (cinco) anos no cargo efetivo em que for concedida a aposentadoria, na forma dos arts. 57 e 58 da Lei n. 8.213, de 24 de julho de 1991, poderá aposentar-se quando o total da soma resultante da sua idade e do tempo de contribuição e o tempo de efetiva exposição forem, respectivamente, de:

I — 66 (sessenta e seis) pontos e 15 (quinze) anos de efetiva exposição;

II — 76 (setenta e seis) pontos e 20 (vinte) anos de efetiva exposição; e

III — 86 (oitenta e seis) pontos e 25 (vinte e cinco) anos de efetiva exposição.

§ 1º A idade e o tempo de contribuição serão apurados em dias para o cálculo do somatório de pontos a que se refere o *caput*.

§ 2º O valor da aposentadoria de que trata este artigo corresponderá ao valor apurado na forma da lei.

§ 3º Aplicam-se as aposentadorias dos servidores dos Estados, do Distrito Federal e dos Municípios cujas atividades sejam exercidas com efetiva exposição a agentes nocivos químicos, físicos e biológicos prejudiciais à saúde, ou associação destes agentes, vedada a caracterização por categoria profissional ou ocupação, na forma do § 4º-C do art. 40 da Constituição Federal, as normas constitucionais e infraconstitucionais anteriores à data de entrada em vigor desta Emenda Constitucional, enquanto não promovidas alterações na legislação interna relacionada ao respectivo regime próprio de previdência social."

Em uma redação não muito clara (fala em segurado, em servidor, em estatutário e trabalhador), a aposentadoria especial do segurado servidor público federal, que tenha se filiado ao RGPS ou ingressado no serviço público como estatutário até a EC n. 103/19, é regida pelo art. 21.

Na previdência social, todos os obreiros são segurados (pessoas protegidas). Servidores podem ser celetistas ou estatutários. Trabalhadores são conhecidos, para distinguir, como os que laboram na iniciativa privada e se sujeitam ao Regime Geral.

Os requisitos básicos são:

Idade do protegido (I);

Tempo de contribuição (II); e

Exposição aos agentes nocivos (III).

Usualmente, eles são divididos em três grupos cifrados a partir do tempo de exposição aos agentes nocivos.

a) 66 pontos para 15 anos de exposição;

b) 76 pontos para 20 anos de exposição;

c) 86 pontos para 25 anos de exposição;

d) 20 anos de serviço público; e

e) 5 anos no cargo.

Chama a atenção o fato de que o emendador não fala na soma da idade com o tempo de exposição, preferindo aludir a tempo de contribuição.

Apuração do tempo

A apuração do tempo de exposição será feita em dias (§ 1º).

Valor do benefício

O montante da RMI dependerá de lei posterior.

Servidores estaduais, distritais e municipais

Seguem as normas constitucionais e infraconstitucionais até serem promovidas as alterações na legislação.

96. PESSOA COM DEFICIÊNCIA

Art. 22.

"Até que lei discipline o § 4º-A do art. 40 e o inciso I do § 1º do art. 201 da Constituição Federal, a aposentadoria da pessoa com deficiência segurada do Regime Geral de Previdência Social ou do servidor público federal com deficiência vinculado a regime próprio de previdência social, desde que cumpridos, no caso do servidor, o tempo mínimo de 10 (dez) anos de efetivo exercício no serviço público e de 5 (cinco) anos no cargo efetivo em que for concedida a aposentadoria, será concedida na forma da Lei Complementar n. 142, de 8 de maio de 2013, inclusive quanto aos critérios de cálculo dos benefícios.

Parágrafo único. Aplicam-se às aposentadorias dos servidores com deficiência dos Estados, do Distrito Federal e dos Municípios as normas constitucionais e infraconstitucionais anteriores à data de entrada em vigor desta Emenda Constitucional, enquanto não promovidas alterações na legislação interna relacionada ao respectivo regime próprio de previdência social."

A aposentadoria da pessoa com deficiência já foi tratada quando do art. 40, § 4º-A. Agora, o emendador cuida do direito a essa prestação até que a EC n. 103/19 seja regulamentada.

Naquele art. 40, § 4º-A se disse:

"Poderão ser estabelecidos por lei complementar do respectivo ente federativo idade e tempo de contribuição diferenciados para aposentadoria de servidores com deficiência, previamente submetidos a avaliação biopsicossocial realizada por equipe multiprofissional e interdisciplinar".

O primeiro inciso do § 4º, como dispunha a legislação anterior, se referia aos servidores com deficiência, matéria que, diferentemente do RGPS, não foi regulamentada até agora e deflagra o Mandado de Injunção.

As três variantes da aposentadoria da pessoa com deficiência estão previstas na LC n. 142/13 e dizem respeito às limitações pessoais leve, média e grave (*Benefícios da Pessoa com Deficiência*. São Paulo: LTr).

Além da LC n. 142/13, quem define esse segurado obrigatório é o art. 2º do Estatuto da Pessoa com deficiência (Lei n. 13.146/15).

Um novo conceito comparece no art. 20 da Lei n. 8.742/93 por conta do art. 105 do Estatuto da Pessoa com Deficiência.

Essa última norma não tem disposições específicas para as prestações securitárias; é um único art. 41 que remete à LC n. 142/13.

97. COTA DA PENSÃO POR MORTE

Art. 23.

"A pensão por morte concedida a dependente de segurado do Regime Geral de Previdência Social ou de servidor público federal será equivalente a uma cota familiar de 50% (cinquenta por cento) do valor da aposentadoria recebida pelo segurado ou servidor ou daquela a que teria direito se fosse aposentado por incapacidade permanente na data do óbito, acrescida de cotas de 10% (dez por cento) por dependente até o máximo de 100 (cem por cento).

§ 1º As cotas por dependente cessarão com a perda desta qualidade e não serão reversíveis aos demais dependentes, preservado o valor de 100% (cem por cento) da pensão por morte, quando o número de dependentes remanescente for igual ou superior a 5 (cinco).

§ 2º Na hipótese de existir dependente inválido ou com deficiência intelectual, mental ou grave, o valor da pensão por morte de que trata o *caput* será equivalente a:

I — 100% (cem por cento) da aposentadoria recebida pelo segurado ou servidor ou daquela a que teria direito se fosse aposentado por incapacidade permanente na data do óbito, até o limite máximo de benefícios do Regime Geral de Previdência Social; e

II — a uma cota familiar de 50% (cinquenta por cento) acrescida de cotas de 10 (dez) pontos percentuais por dependente, até o máximo de 100 (cem por cento) para o valor que supere o limite máximo de benefícios do Regime Geral de Previdência Social.

§ 3º Quando não houver mais dependente inválido ou com deficiência intelectual, mental ou grave, o valor da pensão será recalculado na forma do disposto no *caput* e no § 1º.

§ 4º O tempo de duração da pensão por morte e das cotas individuais por dependente até a perda desta qualidade, o rol de dependentes, a sua qualificação e as condições necessárias para enquadramento serão aqueles estabelecidos na Lei n. 8.213, de 24 de julho de 1991."

O art. 23 cuida da pensão por morte do servidor e do trabalhador. O evento determinante declarado é a morte (mas inclui a ausência e o desaparecimento).

Valor do benefício

A pensão por morte será calculada com base na aposentadoria recebida pelo segurado ou valor da aposentadoria por incapacidade permanente na data do óbito, que pudesse estar recebendo.

Considerando-se a ex-esposa ou o ex-esposo e a ex-companheira e o ex-companheiro como dependentes, o cálculo divide-se em duas partes: uma cota familiar, sempre de 50% e uma cota individual, sempre de 10%. Logo, uma viúva e quatro filhos (ou apenas cinco filhos) receberão 100%, que é o máximo permitido.

Destino das cotas

Cessará a cota do dependente quando do perecimento da qualidade de segurado, que se dará em caso de:

a) sua morte;

b) maioridade ou emancipação dos filhos; e

c) recuperação da higidez do inválido.

Não há menção a casamento dos cônjuges ou companheiros, como obstáculo à percepção do benefício.

Tais cotas individuais, de 10%, uma vez cessadas, não reverterão, como sucedia no passado.

Cota dos inválidos

Presente um dependente válido, o valor será de 100% e uma cota familiar de 50% mais 10% a cada outro dependente. Ausente aquele dependente inválido, permanece esta última a regra geral.

Avaliação de invalidez

Nada obsta que a avaliação da invalidez do dependente seja demonstrada antes do falecimento do segurado, principalmente realizada por equipe multiprofissional e interdisciplinar com revisão periódica do estado de saúde.

Equiparados a filhos

Apenas o enteado e o menor tutelado. O § 6º não mencionou o adotado e nenhuma outra modalidade de filho.

Modificação da legislação

O emendador reconhece a existência de lei ordinária que cuida da pensão por morte e admite que essas normas possam ser alteradas no que diz respeito ao servidor trabalhador. Portanto, não é cláusula pétrea.

Regras do RPPS

As regras da pensão por morte dos servidores estaduais, distritais e municipais vigentes antes da EC n. 103/19 valerão enquanto não forem modificadas.

Valor mínimo

É preciso ficar assente que, no caso do segurado que contribuiu com base no salário mínimo, o valor da pensão de um único dependente não será 60% dessa base, mas o próprio salário mínimo.

98. ACUMULAÇÃO DE PENSÕES POR MORTE

Art. 24.

"É vedada a acumulação de mais de uma pensão por morte deixada por cônjuge ou companheiro, no âmbito do mesmo regime de previdência social, ressalvadas as pensões do mesmo instituidor decorrentes do exercício de cargos acumuláveis na forma do art. 37 da Constituição Federal.

§ 1º Será admitida, nos termos do § 2º, a acumulação de:

I — pensão por morte deixada por cônjuge ou companheiro de um regime de previdência social com pensão por morte concedida por outro regime de previdência social ou com pensões decorrentes das atividades militares de que tratam os arts. 42 e 142 da Constituição Federal;

II — pensão por morte deixada por cônjuge ou companheiro de um regime de previdência social com aposentadoria concedida no âmbito do Regime Geral de Previdência Social ou de regime próprio de previdência social ou com proventos de inatividade decorrentes das atividades militares de que tratam os arts. 42 e 142 da Constituição Federal; ou

III — pensões decorrentes das atividades militares de que trata os arts. 42 e 142 da Constituição Federal com aposentadoria concedida no âmbito do Regime Geral de Previdência Social ou de regime próprio de previdência social;

§ 2º Nas hipóteses das acumulações previstas no § 1º, é assegurada a percepção do valor integral do benefício mais vantajoso e de uma parte de cada um dos demais benefícios, apurada cumulativamente de acordo com as seguintes faixas:

I — 60% (sessenta por cento) do valor igual ou inferior a um salário-mínimo;

II — 40% (quarenta por cento) do valor que exceder um salário-mínimo, até o limite de dois salários mínimos;

III — 20% (vinte por cento) do valor que exceder dois salários mínimos, até o limite de três salários mínimos;

IV — 10% (dez por cento) do valor que exceder 4 (quatro) salários mínimos, até o limite de quatro salários mínimos; e

§ 3º A aplicação do disposto no § 2º poderá ser revista a qualquer tempo, a pedido do interessado, em razão de alteração de algum dos benefícios.

§ 4º As restrições previstas neste artigo não serão aplicadas se o direito aos benefícios houver sido adquirido antes da data de entrada em vigor desta Emenda Constitucional.

§ 5º As regras sobre acumulação previstas neste artigo e na legislação vigente na data de entrada em vigor desta Emenda Constitucional poderão ser alteradas na forma do § 6º do art. 40 e do § 15 do art. 201 da Constituição Federal."

O art. 24 introduz uma regra comum ao RPPS e RGPS, relativa à acumulação de pensões por morte outorgadas por segurado.

Observada a exceção da acumulação no Serviço Público (CF/88, art. 37), no bojo de um regime previdenciário não será possível a existência de duas pensões por morte.

Não é despiciendo falar que o vocábulo "pensão" significa a do sentido tradicional, não devendo ser confundida com as pensões não previdenciárias que, de regra, por seu turno, vedam algumas acumulações nem com o uso europeu dessa palavra (ali significando aposentadoria).

Acumulação permitida

Observado o disposto no § 2º e sua indigitada tabela, *ipso facto*, fica claro que será possível a pensão outorgada por um servidor filiado a um RPPS e que legitimamente está filiado ao RGPS. Inclusive se o segurado for militar. Da mesma forma, fora da previdência pública, haverá direito à complementação fechada ou aberta e até mesmo seguro privado.

Pensão e aposentadoria

Com a mesma observação anterior, não há empecilho à percepção conjunta de pensão por morte de um regime previdenciário e aposentadoria de outro (§ 1º, II).

Três aposentadorias

Filiado e contribuindo obrigatoriamente para dois ou três regimes (servidor, trabalhador e militar), o segurado fará jus a três aposentadorias, respeitada a tabela do § 2º.

Benefício mais vantajoso

A redação do § 1º é precária, dando a nítida impressão de um direito que, à luz do § 2º, não existe (que seria a percepção integral dos benefícios). O emendador parece não ter tido coragem de dizer isso claramente e remete ao aludido § 2º que restringe a percepção.

Alterações a pedido

De acordo com § 3º, as restrições do § 2º poderão ser revistas "em razão de alteração de algum dos benefícios".

Direito adquirido

Se o beneficiário estiver recebendo benefícios concedidos antes da EC n. 103/19 e com ela conflitantes, a manutenção será observada em respeito ao direito adquirido.

Alterações futuras

Estas regras poderão ser modificadas, conforme o art. 40, § 6º e § 15 do art. 201.

Tabela dos incisos I/IV de 2019

Percentual	Valor
60%	de R$ 998,01 até R$ 1.996,00.
40%	de R$ 1.996,01 até R$ 2.994,00.
20%	de R$ 2.994,01 até R$ 3.992,00.
10%	Acima de R$ 3.992,00.

Considere-se o exemplo divulgado pelo *site* do INSS, em 19.12.19 ("Confira as principais mudanças da Nova Previdência"), uma segurada que receba aposentadoria de R$ 2.500,00, viúva de um homem cuja aposentadoria era de R$ 3.000,00.

Se o óbito ocorresse antes de 13.11.19, acumulando os dois benefícios, ela receberia R$ 5.500,00.

Por ser superior a R$ 1.800,00 (60% de R$ 3.000,00), o valor maior a que faz jus do benefício de R$ 2.500,00 será mantido.

Sobre esse valor serão as cotas de cálculo do benefício:

1 — Aposentadoria: R$ 2.500,00 (benefício mais vantajoso).

2 — Pensão da viúva: R$ 3.000,00 x 60% = R$ 1.800,00.

3 — R$ 1.800, 00 — R$ 998,00 (SM) = R$ 802,00.

4 — 60% x R$ 802,00 = R$ 481,20.

5 — R$ 481,20 + R$ 998, 00 = R$ 1.479,20.

6 — Irá receber: R$ 2.500,00 + R$ 1.479,20 = R$ 3.979,20.

99. CONTAGEM RECÍPROCA, TEMPO FICTÍCIO, ATIVIDADE RURAL, CONVERSÃO DE TEMPO ESPECIAL E APOSENTADORIA SEM CONTRIBUIÇÃO

Art. 25.

Caput.

"Será assegurada a contagem de tempo de contribuição fictício no Regime Geral de Previdência Social decorrente de hipóteses descritas na legislação vigente até a data de entrada em vigor desta Emenda Constitucional, para fins de concessão de aposentadoria, observado, a partir da sua entrada em vigor, o disposto no § 14 do art. 201 da Constituição Federal.

§ 1º Para fins de comprovação de atividade rural exercida até a data de entrada em vigor desta Emenda Constitucional, o prazo de que tratam os §§ 1º e 2º do art. 38-B da Lei n. 8.213, de 24 de julho de 1991, será prorrogado até a data em que o Cadastro Nacional de Informações Sociais — CNIS atingir a cobertura mínima de 50% (cinquenta por cento) dos trabalhadores de que trata o § 8º do art. 195 da Constituição Federal, apurada conforme quantitativo da Pesquisa Nacional por Amostra de Domicílios Contínua — (Pnad).

§ 2º Será reconhecida a conversão de tempo especial em comum, na forma prevista na Lei n. 8.213, de 24 de julho de 1991, ao segurado do Regime Geral de Previdência Social que comprovar tempo de efetivo exercício de atividade sujeita a condições especiais que efetivamente prejudiquem a saúde, cumprido até a data de entrada em vigor desta Emenda Constitucional, vedada a conversão para o tempo cumprido após esta data.

§ 3º Considera-se nula a aposentadoria que tenha sido concedida ou que venha a ser concedida por regime próprio de previdência social com contagem recíproca do Regime Geral de Previdência Social mediante o cômputo de tempo de serviço sem o recolhimento da respectiva contribuição ou da correspondente indenização pelo segurado obrigatório responsável, à época do exercício da atividade, pelo recolhimento de suas próprias contribuições previdenciárias."

Neste comando, a norma constitucional tratou de vários assuntos.

Na regra, acolhido o tempo fictício, o emendador excepciona a validade do cômputo desse período quando previsto na legislação vigente até a EC n. 103/19 para fins de aposentadoria. A partir dessa alteração e com a remissão ao art. 201, § 14, isso não mais seria possível.

Um exemplo clássico da conversão do tempo especial em comum da aposentadoria especial. O emendador observou o *tempus regit actum*.

Prorrogação do prazo

A prova do tempo de contribuição rural será prorrogada até que CNIS atinja a cobertura de 50% do trabalhador referido no § 8º do art. 195.

Conversão do tempo especial em comum

A clássica conversão de tempo de serviço especial para o comum desaparecerá com a EC n. 103/19. Ele será considerado comum. O dispositivo acima abre uma exceção.

Cômputo do tempo de contribuição

O tempo de contribuição que, por via de contagem recíproca, fizer parte do patrimônio temporal do segurado somente será reconhecido quando presente contribuição ou indenização promovida pelo segurado.

Quer dizer, se um segurado foi filiado ao Regime Geral e mediante uma CTC portou o tempo de serviço correspondente a um Regime Próprio sem que, entretanto, as contribuições que o INSS recolheu não foram entregues a esse último Regime Próprio, se deferida aposentadoria não terá validade (pelo menos que haja o acerto de contas).

Pior será o cenário se a autarquia por qualquer motivo, por exemplo, decadência ou prescrição, não logrou receber do empregador (por decadência ou prescrição). Só restará ao interessado suprir pessoalmente essa necessidade pecuniária e tentar reaver o gasto com o INSS.

Talvez por esquecimento, o preceito não tratou do inverso, ou seja, de o INSS receber uma CTC de um regime próprio sem que, ao mesmo tempo, auferisse as contribuições necessárias que a este último regime foram aportadas.

Claro, o regime que aposenta precisa de recursos próprios e amealhados com a CTC no seu patrimônio para poder honrar os seus compromissos com o segurado agora aposentado.

TOMO XIII — DIVERSOS ASPECTOS

100. CÁLCULO DA RENDA MENSAL INICIAL

Art. 26.

Caput.

"Até que lei discipline o cálculo dos benefícios do regime próprio de previdência social da União e do Regime Geral de Previdência Social, será utilizada a média aritmética simples dos salários de contribuição e das remunerações adotados como base para contribuições a regime próprio de previdência social e ao Regime Geral de Previdência Social, ou como base para contribuições decorrentes das atividades militares de que tratam os arts. 42 e 142 da Constituição Federal, atualizados monetariamente, correspondentes a 100% (cem por cento) do período contributivo desde a competência julho de 1994 ou desde o início da contribuição, se posterior àquela competência.

§ 1º A média a que se refere o *caput* será limitada ao valor máximo do salário de contribuição do Regime Geral de Previdência Social para os segurados deste regime e para o servidor que ingressou no serviço público em cargo efetivo após a implantação do regime de previdência complementar ou que tenha exercido a opção correspondente, nos termos do disposto nos §§ 14 a 16 do art. 40 da Constituição Federal.

§ 2º O valor do benefício de aposentadoria corresponderá a 60% (sessenta por cento) da média aritmética definida na forma prevista no *caput* e no § 1º, com acréscimo de 2 (dois) por cento para cada ano de contribuição que exceder o tempo de 20 (vinte) anos de contribuição no caso:

I — do inciso II do § 6º, do § 4º do art. 15, do § 3º do art. 16, do § 2º do art. 18;

II — do § 4º do art. 10, ressalvado o disposto no inciso II do § 3º e no § 4º deste artigo;

III — de aposentadoria por incapacidade permanente aos segurados do Regime Geral de Previdência Social, ressalvado o disposto no inciso II do § 3º deste artigo; e para a averbação em outro regime.

IV — do § 2º do art. 19 e do § 2º do art. 21, ressalvado o disposto no § 5º deste artigo.

§ 3º O valor do benefício de aposentadoria corresponderá a 100% (cem por cento) da média aritmética definida na forma prevista no *caput* e no § 1º:

I — no caso do inciso II do § 2º do art. 2º;

II — no caso de aposentadoria por incapacidade permanente, quando decorrer de acidente de trabalho, de doença profissional e de doença do trabalho.

§ 4º O valor do benefício da aposentadoria de que trata o inciso II do § 1º do art. 1o corresponderá ao resultado do tempo de contribuição dividido por 20 (vinte) anos, limitado a 1 (um) inteiro, multiplicado pelo valor apurado na forma do *caput* do § 2º, ressalvado o caso de cumprimento de critérios de acesso para aposentadoria voluntária que resulte em situação mais favorável.

§ 5º O acréscimo a que se refere o *caput* do § 2º será aplicado para cada ano que exceder 15 (quinze) anos de tempo de contribuição para os segurados de que tratam alínea "a" do inciso I do art. 19 e do inciso I do art. 21.

§ 6º Poderão ser excluídas da média as contribuições que resultem em redução do valor do benefício, desde que mantido o tempo mínimo de contribuição exigido, vedada a utilização do tempo excluído para qualquer finalidade, inclusive para o acréscimo a que se referem os §§ 2º e 5º, para a averbação em outro regime previdenciário ou para obtenção dos proventos de inatividade de que tratam os arts. 42 e 142 da Constituição Federal.

§ 7º Os benefícios calculados nos termos do disposto neste artigo serão reajustados nos termos estabelecidos para o Regime Geral de Previdência Social."

O cálculo da RMI da aposentadoria do segurado objeto do art. 26 é complexo, mais ainda quando se referir à modalidade compulsória. O emendador praticou inúmeras remissões, obrigando o aplicador, o intérprete e o julgador a sucessivas perquirições de *caputs*, parágrafos, incisos e letras de diferentes dispositivos.

Espera-se que a lei aludida no início da redação seja mais clara que o texto aprovado no Congresso Nacional.

Aferição da renda mensal

Basicamente, o emendador seguiu o RGPS. Ainda que não empregue a expressão, ele se inspirou nos arts. 28/29 do PBPS, que rege o instituto técnico do salário de benefício, um *quantum* monetário apurado com base no PBC desde julho de 1994 e que leva em conta os salários de contribuição atualizados monetariamente em razão da inflação.

Sem embargo do que dispõe o § 6º, como novidade dispensa o expurgo dos 20% menores valores e possivelmente sepultará a tese doutrinária da revisão da vida toda.

Evidentemente, suscitando todos os questionamentos doutrinários e jurisprudenciais, relativos a essa complexa matéria, como é o caso dos diferentes tetos ali contidos e, por seu turno, a eficácia científica do uso de indexadores da moeda por cerca de 25 anos.

Média dos salários de contribuição

Para o trabalhador da iniciativa privada, a média aritmética simples observara aproximadamente 25 tetos mensais sucessivos, que em 2019 era de R$ 5.839,45 e passou a ser de R$ 6.101,06 em 2020.

Para o servidor a mesma média, depois implantada a opção prevista nos §§ 14 *usque* 16 do art. 40 da Carta Magna relativa à previdência complementar.

Renda mensal inicial

A RMI será de 60% do salário de benefício mais 2% a cada ano de contribuição que exceder 20 anos. Isso faz pensar que somente com 40 anos de tempo de contribuição o segurado atingirá 100% do salário de benefício.

Para o segurado com 25 anos seria 60% + 2% x 05 = 70%.

Para o segurado com 30 anos seria 60% + 2% x 10 = 80%.

Para o segurado com 35 anos seria 60% + 2% x 15 = 90%

Para o segurado com 40 anos seria 60% + 2% x 20 = 100%.

Remissões

As remissões do § 3º dizem respeito à totalidade do benefício e ao cálculo na forma da lei.

Aposentadoria compulsória

Se a exposição do início do art. 26 foi complicada, imagine o que diz o § 4º.

A matéria aqui disciplinada refere-se à RMI da aposentadoria compulsória (art. 10, § 1º, III), até porque este servidor, quando atingir a idade máxima de 75 anos, poderá estar em diferentes situações e com distintos tempos de contribuição.

O resultado da divisão não poderá ultrapassar um inteiro.

Acréscimo para quem tem 15 anos

Para os segurados do art. 19, I, "a", e do art. 21, I, o acréscimo será do que ultrapassa 15 anos (§ 5º).

Caso o tempo de contribuição seja de 15 anos, a divisão será:

Primeiro caso. 15 + 20 = 0, 75.

Segundo caso. 25 + 20 = 1,25. Nesta hipótese somente valerá 1.

O número encontrado será multiplicado pelo resultado dos 60% da média mais 2% a cada ano que superar 2o anos.

Suponha que o servidor teve direito a 90%. Este percentual será multiplicado 0,75. Então 0,75 x 90 = 67,5% da média.

Tendo em vista que o resultado pode ser menor que os 60%, o final do § 4º diz: "ressalvado o caso de cumprimento de critérios de acesso para aposentadoria voluntária que resulte em situação mais favorável".

Expurgo da média

Criando hipótese de um novo expurgo, o § 6º admite que alguns períodos de salários de contribuição que possam ser prejudiciais ao segurado sejam extirpados, sendo que esse tempo de contribuição expurgado não se prestará para qualquer finalidade, averbação em outro regime previdenciário nem para o dos militares.

Vale dizer, supondo que sejam os mesmos 20% do art. 28 do PBPS, como já sucedia e agora ficou mais claro, esse período desaparecerá da legislação previdenciária.

Reajustamento dos benefícios

Universalizando o instituto técnico do resgate da perda financeira devido à inflação, inspirado no art. 41 do PBPS, esses benefícios serão monetariamente revistos, conforme o RGPS.

Direito ao teto

É preciso considerar o limite da previdência social (em 2019 de R$ 5.839,45). Devido à aplicação do fator previdenciário, a definição governamental histórica desse teto, por vezes arbitrária, e outros fatores, não é possível a RMI chegar àqueles R$ 5.839,45.

Newton Cézar Conde afirma que aportando desde julho de 1994 até outubro de 2019, pelo teto, o segurado chega a R$ 5.580,80, que corresponde a 95,6% do teto vigente.

Como sucedia antes da EC n. 103/19, no começo da carreira o trabalhador aufere remunerações menores, e por ser uma média aritmética simples, o teto fica distante. Alhures, alguns estudiosos alegam que isso é matematicamente correto, mas o certo é que quebra o patamar da renda do trabalhador quando da aposentação.

101. SALÁRIO-FAMÍLIA E AUXÍLIO-RECLUSÃO

Art. 27.

Caput.

"Até que lei discipline o acesso ao salário-família e ao auxílio-reclusão de que trata o inciso IV do art. 201 da Constituição Federal, esses benefícios serão concedidos apenas àqueles que tenham renda bruta mensal igual ou inferior a R$ 1.364,43 (mil, trezentos e sessenta e quatro reais e quarenta e três centavos), que serão corrigidos pelos mesmos índices aplicados aos benefícios do Regime Geral de Previdência Social.

§ 1º Até que lei discipline o valor do auxílio-reclusão, de que trata o inciso IV do art. 201 da Constituição Federal, seu cálculo será realizado na forma daquele aplicável à pensão por morte, não podendo exceder o valor de 1 (um) salário-mínimo.

§ 2º Até que lei discipline o valor do salário-família, de que trata o inciso IV do art. 201 da Constituição Federal, seu valor será de R$ 46,54 (quarenta e seis reais e cinquenta e quatro centavos)."

O salário-família será direito do segurado que auferir renda bruta mensal até R$ 1.364,43, valor atualizado quando do reajustamento dos benefícios do RGPS.

Valor do auxílio-reclusão

Somente os dependentes do segurado que receba até R$ 1.364,43 farão jus ao auxílio-reclusão.

Valor do salário-família

O montante do salário-família será de R$ 46,54, sem a distinção operada pelo PBPS.

102. ALÍQUOTA DO TRABALHADOR

Art. 28.

"Até que lei altere as alíquotas da contribuição de que trata a Lei n. 8.212, de 24 de julho de 1991, devidas pelo segurado empregado, inclusive o doméstico, e pelo trabalhador avulso, estas serão de:

I — até 1 (um) salário-mínimo, 7,5% (sete inteiros e cinco décimos por cento);

II — acima de 1 (um) salário-mínimo até R$ 2.000,00 (dois mil reais), 9% (nove por cento);

III — de R$ 2.000,01 (dois mil reais e um centavo) até R$ 3.000,00 (três mil reais), 12% (doze por cento); e

IV — de R$ 3.000,01 (três mil reais e um centavo) até o limite do salário de contribuição, 14% (quatorze por cento).

§ 1º As alíquotas previstas no *caput* serão aplicadas de forma progressiva sobre o salário de contribuição do segurado, incidindo cada alíquota sobre a faixa de valores compreendida nos respectivos limites.

§ 2º Os valores previstos no *caput* serão reajustados, a partir da data de entrada em vigor desta Emenda Constitucional, na mesma data e com o mesmo índice em que se der o reajuste dos benefícios do Regime Geral de Previdência Social, ressalvados aqueles vinculados ao salário-mínimo, aos quais se aplica a legislação específica."

As alíquotas do empregado, avulso e doméstico incidirão sobre os seguintes salários de contribuição:

a) até um salário mínimo.. 7,5%

b) além do salário mínimo e até R$ 2.000,00......... 9,0%

c) de R$ 2.000,01 até R$ 3.000,00............................ 12,0%.

d) acima de R$ 3.000,00 e até o teto do RGPS....... 14,0%.

Progressividade das faixas salariais

Quer dizer que, por exemplo, se alguém recebe remuneração de R$ 2.500,00 não recolhera 9% de R$ 2.000,00 + 12% de R$ 500,00 e, sim, 12% de R$ 2.500,00.

Pior será se auferir R$ 2.000,01; então pagará com alíquota de 12%.

Faixas dos salários de contribuição

Como exceção da política do salário mínimo, os valores das faixas serão atualizados, na mesma data e no mesmo índice de reajustamento dos benefícios do RGPS.

103. REMUNERAÇÃO INFERIOR AO SALÁRIO MÍNIMO

Art. 29.

"Até que entre em vigor lei que disponha sobre o § 14 do art. 195 da Constituição Federal, o segurado que, no somatório de remunerações auferidas no período de 1 (um) mês, receber remuneração inferior ao limite mínimo mensal do salário de contribuição poderá:

I — complementar a sua contribuição, de forma a alcançar o limite mínimo exigido;

II — utilizar o valor da contribuição que exceder o limite mínimo de contribuição de uma competência em outra; ou

III — agrupar contribuições inferiores ao limite mínimo de diferentes competências, para aproveitamento em contribuições mínimas mensais.

Parágrafo único. Os ajustes de complementação ou agrupamento de contribuições previstos nos incisos I, II e III do *caput* somente poderão ser feitos ao longo do mesmo ano civil."

O art. 195, § 14, trata da contribuição mínima.

Agora o emendador disciplina situação do trabalhador que durante um mês não teve salário de contribuição igual ou superior ao salário mínimo.

Determina que ele possa aduzir a contribuição faltante, possivelmente mediante a condição de segurado facultativo (Código 1406), aproveitando aportes anteriores que ultrapassaram aquele limite para integralizar ou agrupar contribuições mensais para essa finalidade.

Tudo isso, estranhamente, dentro do ano civil.

104. DIFERENCIAÇÃO E SUBSTITUIÇÃO

Art. 30.

Caput.

"A vedação de diferenciação ou substituição de base de cálculo decorrente do disposto no § 9º do art. 195 da Constituição Federal não se aplica a contribuições que substituam a contribuição de que trata a alínea 'a' do inciso I do *caput* do art. 195 da Constituição Federal instituídas antes da data de entrada em vigor desta Emenda Constitucional."

O § 9º do art. 195 garante alíquotas diferenciadas em virtude de várias razões:

a) atividade econômica;

b) utilização intensa de mão de obra;

c) porte da empresa;

d) utilização estrutural do mercado de trabalho; e

e) base de cálculo.

Esse dispositivo tem uma redação ampla; ele autoriza o legislador infraconstitucional a criar um financiamento previdenciário diferenciado dos atuais, que já vem sendo praticado, como é o caso da alíquota patronal distinta dos bancos (PCSS, art. 22, § 1º). Exceto na hipótese da exigência fiscal não ser considerada contribuição previdenciária ou outra modalidade de exação.

Possivelmente, tal preceito vedaria a cobrança de custeio da manutenção de benefícios por incapacidade quando de culpa do agressor do segurado, experiência que vem praticada pelo INSS (Lei n. 13.846/19). É possível que os tributaristas aleguem que, se não estiver coberto por esse preceito, outra exigência poderá ser promovida.

O art. 30 garante que a vedação da substituição não se aplica ao art. 195, I, que pontua: "do empregador, da empresa e da entidade a ela equiparada na forma da lei, incidentes sobre: a) a folha de salários e demais rendimentos do trabalho pagos ou creditados, a qualquer título, à pessoa física que lhe preste serviço, mesmo sem vínculo empregatício".

105. ACORDO DE PARCELAMENTO

Art. 31.

"O disposto no § 11 do art. 195 da Constituição Federal não se aplica aos parcelamentos previstos na legislação vigente até a data de entrada em vigor desta Emenda Constitucional, sendo vedadas a reabertura ou a prorrogação de prazo para adesão."

O § 11 do art. 195 diz:

"É vedada a concessão de remissão ou anistia das contribuições sociais de que tratam os incisos I, *a*, e II deste artigo, para débitos em montante superior ao fixado em lei complementar."

Quer dizer, os acordos de parcelamentos deferidos e mantidos anteriormente ainda poderão ser objeto de remissão ou anistia, o que não sucede com os supervenientes à EC n. 103/19.

Conforme o final do preceito restam claros dois cenários:

a) não é possível a reabertura dos ditos acordos; e

b) a sua prorrogação.

106. CONTRIBUIÇÃO DA LEI N. 7.689/88

Art. 32.

Caput.

"Até que entre em vigor lei que disponha sobre a alíquota da contribuição de que trata a Lei n. 7.689, de 15 de dezembro de 1988, esta será de 20% (vinte por cento) no caso das pessoas jurídicas referidas no inciso I do § 1º do art. 1º da Lei Complementar n. 105, de 10 de janeiro de 2001."

Diz o art. 1º da norma referida:

"Fica instituída contribuição social sobre o lucro das pessoas jurídicas, destinada ao financiamento da seguridade social."

Pontua a mencionada LC n. 105/01:

"Art. 1º As instituições financeiras conservarão sigilo em suas operações ativas e passivas e serviços prestados.

§ 1º São consideradas instituições financeiras, para os efeitos desta Lei Complementar:

I — os bancos de qualquer espécie."

107. PREVIDÊNCIA PRIVADA ABERTA

Art. 33.

"Até que seja disciplinada a relação entre a União, os Estados, o Distrito Federal e os Municípios e entidades abertas de previdência complementar na forma do disposto nos §§ 4º e 5º do art. 202 da Constituição Federal, somente entidades fechadas de previdência complementar estão autorizadas a administrar planos de benefícios patrocinados pela União, Estados, Distrito Federal ou Municípios, inclusive suas autarquias, fundações, sociedades de economia mista e empresas controladas direta ou indiretamente."

Quando da possibilidade de criação da previdência privada para os servidores públicos, objeto dos §§ 14 *usque* 16 do art. 40, esses segurados somente disporão de uma cobertura por entidade fechada de previdência complementar.

Pode ser que mais tarde, quando atendido o preceito, isso seja possível, mas desde já entende-se que os servidores podem contratar um seguro privado para dar cobertura aos vencimentos acima do teto da Previdência Social.

Essa medida deve ter sido proposta pela bancada que manteve algum viés de privatização na PEC n. 6/19, especialmente em sua versão original.

108. EXTINÇÃO DE REGIME PRÓPRIO

Art. 34.

"Na hipótese de extinção por lei de regime previdenciário e migração dos respectivos segurados para o Regime Geral de Previdência Social, serão observados, até que lei federal disponha sobre a matéria, os seguintes requisitos pelo ente federativo:

I — assunção integral da responsabilidade pelo pagamento dos benefícios concedidos durante a vigência do regime extinto, bem como daqueles cujos requisitos já tenham sido implementados antes da sua extinção;

II — previsão de mecanismo de ressarcimento ou de complementação de benefícios aos que tenham contribuído acima do limite máximo do Regime Geral de Previdência Social;

III — vinculação das reservas existentes no momento da extinção, exclusivamente:

a) ao pagamento dos benefícios concedidos e a conceder, ao ressarcimento de contribuições ou à complementação de benefícios, na forma dos incisos I e II; e

b) à compensação financeira com o Regime Geral de Previdência Social.

Parágrafo único. A existência de superávit atuarial não constitui óbice à extinção de regime próprio de previdência social e à consequente migração para o Regime Geral de Previdência Social."

Desde quando foi criado o Regime Único, historicamente, por razões políticas, administrativas e principalmente financeiras, tem sido comum as Prefeituras Municipais, por intermédio de lei ordinária, abandonarem um RPPS em favor da transposição para o Regime Geral.

Essa portabilidade coletiva é uma operação legal delicada, complexa e usualmente não observa os princípios jurídicos constitucionais e legais da previdência básica e privada (*Servidor Público* — Transposição do Regime Celetista para o Regime Estatutário. São Paulo: LTr, 2017).

No âmbito laboral e para fins previdenciários, costuma-se chamar de migração a transferência dos beneficiários de um regime para outro regime.

O art. 34, em seus três incisos, dispõe sobre medidas mínimas a serem tomadas e silenciou sobre as ações judiciais pendentes.

Pagamentos vincendos

O ente responsável pela transposição é obrigado a dar cobertura aos benefícios antes deferidos e dos segurados que preencheram os requisitos legais, ainda sem ter exercitado esse direito.

Complementação da básica

Ressarcimento ou complementação àqueles que tenham contribuição acima do teto da Previdência Social.

Tal disposição é igualmente complexa, principalmente no que se refere à complementação, pois o Regime Geral observa limite de benefícios.

Reservas matemáticas

As reservas devem ter previsão nas alíneas *a* e *b* do inciso III, com finalidades específicas e ali contempladas.

Óbice à extinção

Por fim, o parágrafo único garante que um superávit atuarial não é obstáculo para o fim do RPPS.

É possível que o emendador tenha desejado dizer superávit financeiro e não atuarial, ou até mesmo atuarial e financeiro. Essa notícia é um tanto estranha, pois se o plano está equilibrado não há por que abandoná-lo.

TOMO XIV — REVOGAÇÃO E VIGÊNCIA

109. NORMAS REVOGADAS

A PEC n. 133/19 alterou estes dispositivos.

Art. 35.

"Revogam-se:

I — os seguintes dispositivos da Constituição Federal:

a) o § 21 do art. 40;

O § 21, na mesma linha da previdência complementar, tratava da contribuição do servidor e do pensionista acima do dobro do limite do RGPS.

b) o § 13 do art. 195;

Esse parágrafo disciplinava a contribuição de certas empresas e foi revisto na EC n. 103/19.

II — os arts. 9º, 13 e 15 da Emenda Constitucional n. 20, de 15 de dezembro de 1998;

O art. 9º da EC n. 20/98 se reportava à aposentadoria por tempo de contribuição, substituída pela nova aposentadoria programada aos 62 anos (mulher) e 65 anos (homens).

O art. 13 dizia respeito ao salário-família e auxílio-reclusão, novamente regulamentados no art. 27 da EC n. 103/19.

O art. 15 apreciava o direito à aposentadoria especial, prestação bastante alterada com a EC n. 103/19, principalmente no pertinente a idade mínima e a conversão de tempo de serviço especial em comum.

III — os arts. 2º, 6º e 6º-A da Emenda Constitucional n. 41, de 2003;

O art. 2º da EC n. 41/03 também regrava a aposentadoria por tempo de contribuição (NB-42), substituída pela aposentadoria programada.

O art. 6º disciplinava as antigas aposentadorias por idade (NB-41) e tempo de contribuição (N-42), revistas com a EC n. 103/19.

O art. 6-A dizia: "O servidor da União, dos Estados, do Distrito Federal e dos Municípios, incluídas suas autarquias e fundações, que tenha ingressado no serviço público até a data de publicação desta Emenda Constitucional e que tenha se aposentado ou venha a se aposentar por invalidez permanente, com fundamento no inciso I do § 1º do art. 40 da Constituição Federal tem direito a proventos de aposentadoria calculados com base na remuneração do cargo efetivo em que se der a aposentadoria, na forma da lei, não sendo aplicáveis as disposições constantes dos §§ 3º, 8º e 17 do art. 4o da Constituição Federal" (incluído pela Emenda Constitucional n. 70/12).

IV — o art. 3º da Emenda Constitucional n. 47, de 2005.

Esse dispositivo da EC n. 47/05 também dizia respeito à aposentadoria por tempo de contribuição substituída pela aposentadoria programada.

110. VIGÊNCIA DA EC N. 103/19

Art. 36.

"Esta Emenda Constitucional entra em vigor:

I — no primeiro dia do quarto mês subsequente ao da data de publicação desta Emenda Constitucional, quanto ao disposto nos arts. 11, 28 e 32;

O art. 11 trata das alíquotas de contribuição do servidor.

As alíquotas de contribuição do trabalhador estão no art. 28. Já a contribuição patronal observa o art. 32.

O emendador teve preocupação com o princípio exacional da anualidade. A data é 1º.1.20.

II — para os regimes próprios de previdência social dos Estados, do Distrito Federal e dos Municípios, quanto à alteração promovida pelo art. 1º desta Emenda Constitucional no art. 149 da Constituição Federal e às revogações previstas na alínea "a" do inciso I e nos incisos III e IV do art. 35, na data de publicação de lei de iniciativa privativa do respectivo Poder Executivo, que as referende integralmente:

Os efeitos relativos aos RPPS adquirem validade quando o Poder Executivo dá atendimento às alíneas "a" e "b".

A letra "a" tem pertinência com contribuições.

Por sua vez, a letra "b" diz respeito às normas revogadas.

III — nos demais casos, na data de sua publicação.

Excetuada as alterações das alíquotas de contribuição e a disciplina dos RPPS, sem vigência mediata, as principais alterações têm aplicação a partir de 23.10.19.

Parágrafo único. A lei de que trata o inciso II do *caput* não produzirá efeitos anteriores à data de sua publicação."

Uma obviedade, o inciso II, que se refere aos RPPS, assevera que as determinações ali contidas não terão retroeficácia.

Brasília, em 12 de novembro de 2019.

Deputado Rodrigo Maia   Senador Davi Alcolumbre

Deputado Marcos Pereira   Senador Antonio Anastasia

Deputado Luciano Bivar   Senador Lazier Martins

Deputada Soraya Santos   Senador Sergio Petecão